TARTES

EN FOLIE

POUR MA FILLE FRANCESCA, PARCE QUE LA TARTE EMBELLIT LA VIE,
ET EN SOUVENIR DE PAPA, QUI ME L'A APPRIS.

ANDREA JOURDAN
PHOTOGRAPHIES DE PHILIP JOURDAN

TARTES EN FOLIE

Saveurs classiques revisitées
et audacieuses nouveautés

Les Éditions
Transcontinental

MON PREMIER SOUVENIR CULINAIRE, C'EST UNE TARTE !

Une tarte aux pommes fumante dont le parfum délicieux enveloppait toute la maison. Cette pâte friable et dorée garnie de pommes fondantes et légèrement acidulées a su éveiller mes papilles gustatives. J'avais enfin trouvé le Saint-Graal. Je me suis empressée de déclarer à ma grand-mère que je me nourrirais désormais uniquement de tartes aux pommes… Malgré mes cinq ans, j'étais parfaitement résolue.

L'année suivante, mon premier coup de foudre a toutefois déclassé ce beau souvenir de tarte aux pommes. Nous étions dans un chalet en forêt et mon père m'avait montré discrètement par la fenêtre un ours en train de dévaliser nos poubelles. J'étais montée sur une chaise, hissée sur la pointe des orteils, pour mieux voir le sympathique intrus. Mais je me souviens surtout de cette odeur inconnue et irrésistible qui flottait alors dans la cuisine et qui m'enivrait peu à peu. Après cet incident, mon père m'a offert un morceau de cette tarte aux fruits envoûtante. Cette pâte qui portait la signature de papa, je la reconnaissais entre toutes : à la fois moelleuse et sèche juste comme il faut, sucrée mais pas trop, dorée sans être trop cuite. Une tarte parfaite, quoi ! La garniture, d'un beau jaune légèrement orangé, avait un goût exotique qui avait de quoi me faire tourner la tête. J'ai alors levé les yeux vers mon père, tout attendri devant le succès de son dessert. Une tarte aux pêches ! J'étais amoureuse pour la toute première fois de ma vie parce que cette tarte venait de me faire découvrir ma vocation : le plaisir. Quant à l'ami ours, il s'en est allé sans avoir eu la chance de savourer une seule miette de « ma » tarte.

Bien sûr, j'ai eu d'autres émotions par la suite : la frangipane, la tatin, la tarte aux bleuets, mais aucune ne m'a jamais fait oublier ma première tarte aux pêches. Ainsi, encore toute petite, j'ai compris qu'on pouvait perdre tous ses moyens à cause d'une simple tarte. Mon père étant le roi de la pâte, mes rêves étaient souvent sucrés, tandis que mes réveils étaient parfumés de tartes de toutes sortes à peine sorties du four. Malgré mon jeune âge, je savais d'instinct que c'était dans la cuisine que ma vie serait la plus belle.

Les tartes font partie de nos traditions culinaires. Depuis des siècles, on les sert lors des jours de fête, des repas du dimanche et des «belles occasions». Malheureusement, pour des raisons de simplification de menus, de régimes étranges ou de simple paresse, elles ont fini par devenir un plaisir en voie de disparition. Mais n'oublions pas qu'un morceau de tarte peut guérir bien des maux. Les tartes sont rassurantes et revigorantes. Elles occupent une place particulière dans notre culture culinaire parce qu'elles nous relient à la cuisine de nos mères et de nos grands-mères.

La pâte est l'élément de base indispensable à toute bonne tarte digne de ce nom. Elle se doit d'être parfaite puisque c'est elle qui touche la langue en premier. Son rôle de faire-valoir est très important, mais elle ne doit jamais voler la vedette à la garniture. Il faut lui accorder toute notre attention en évitant de trop fariner le plan de travail pour éviter d'incorporer un surplus de farine au moment d'étaler la pâte. Il est bon de prendre le temps d'observer les pâtissiers qui lancent la farine sur leur planche de travail, par petites poignées. Leurs gestes parfaits, si précis, permettent de fariner en surface et juste ce qu'il faut.

La garniture fruitée, meringuée, crémeuse ou croquante doit toujours être douce et agréable. Elle a tous les droits et peut se permettre d'être capricieuse, amère, un peu trop courte ou un peu trop sucrée. On ferme les yeux et on lui pardonne tout.

Dans ce livre, j'ai simplifié les méthodes et les préparations. Toutes les pâtes et garnitures sont faciles à réussir afin que vous puissiez renouer sans obstacles avec cette merveilleuse tradition festive qu'est la confection d'une tarte. Qu'il s'agisse de recettes ancestrales ou revisitées, ou encore de recettes complètement extravagantes, vous aurez de quoi apprécier une bonne tarte à longueur d'année.

Quoi de plus réconfortant que d'entrer dans une maison où flotte une odeur de tarte qui sent bon la cannelle ou l'anis? Sortez rouleaux et moules frisés. Jouez du fouet et de la cuillère.

INVITEZ LES COPAINS ET LEUR MARMAILLE. ON FAIT DES TARTES !

LES RECETTES
>>>>

 RECETTES DE BASE

PÂTE BRISÉE

DONNE 1 ABAISSE.

- 1 1/4 tasse (310 ml) de farine tout usage non blanchie (voir Note)
- 1/4 c. à thé (1 ml) de sel
- 1/2 tasse (125 ml) de beurre non salé froid, en dés
- 1/4 tasse (60 ml) d'eau glacée

1. Au robot culinaire, mélanger la farine, le sel et le beurre par petits coups jusqu'à consistance sablonneuse. **2.** Verser lentement l'eau glacée et mélanger jusqu'à ce que la pâte forme une boule. Placer la pâte entre deux feuilles de pellicule plastique ou de papier ciré. **3.** À l'aide du rouleau, abaisser la pâte en formant un cercle épais. Envelopper de pellicule plastique et réfrigérer pendant 1 heure avant utilisation.

Note :

On peut aussi préparer cette pâte avec moitié farine tout usage et moitié farine de blé entier. Il faut alors ajouter 2 c. à table (30 ml) d'eau glacée à la quantité indiquée dans la liste des ingrédients.

Pour précuire la croûte, couvrir la pâte de papier-parchemin et ajouter des haricots secs pour l'empêcher de gonfler. Cuire au four préchauffé à 375 °F (190 °C) environ 20 minutes.

La pâte se conservera jusqu'à 48 heures au réfrigérateur et jusqu'à 1 mois au congélateur.

PÂTE BRISÉE SUCRÉE

DONNE 1 ABAISSE.

- 2 1/2 tasses (625 ml) de farine tout usage non blanchie (voir Note)
- 1/2 c. à thé (2 ml) de sel
- 3/4 tasse (180 ml) de beurre non salé froid, en dés
- 3 c. à table (45 ml) de sucre
- 1/2 tasse (125 ml) d'eau glacée

1. Au robot culinaire, mélanger la farine, le sel, le beurre et le sucre par petits coups jusqu'à consistance sablonneuse. **2.** Verser lentement l'eau glacée et mélanger jusqu'à ce que la pâte forme une boule. Placer la pâte entre deux feuilles de pellicule plastique ou de papier ciré. **3.** À l'aide du rouleau, abaisser la pâte en formant un cercle épais. Envelopper de pellicule plastique et réfrigérer pendant 1 heure avant utilisation.

Note :

On peut aussi préparer cette pâte avec moitié farine tout usage et moitié farine de blé entier. Il faut alors ajouter 2 c. à table (30 ml) d'eau glacée à la quantité indiquée dans la liste des ingrédients.

Pour précuire la croûte, couvrir la pâte de papier-parchemin et ajouter des haricots secs pour l'empêcher de gonfler. Cuire au four préchauffé à 375 °F (190 °C) environ 20 minutes.

La pâte se conservera jusqu'à 48 heures au réfrigérateur et jusqu'à 1 mois au congélateur.

PÂTE BRISÉE À LA NOIX DE COCO

DONNE 1 ABAISSE.

- 1 1/4 tasse (310 ml) de farine tout usage non blanchie
- 1 tasse (250 ml) de noix de coco râpée
- 1/4 c. à thé (1 ml) de sel
- 1/2 tasse (125 ml) de beurre non salé froid, en dés
- 6 c. à table (90 ml) d'eau glacée

1. Au robot culinaire, mélanger la farine, la noix de coco, le sel et le beurre par petits coups jusqu'à consistance sablonneuse. 2. Verser lentement l'eau glacée et mélanger jusqu'à ce que la pâte forme une boule. Placer la pâte entre deux feuilles de pellicule plastique ou de papier ciré. 3. À l'aide du rouleau, abaisser la pâte en formant un cercle épais. Envelopper de pellicule plastique et réfrigérer pendant 1 heure avant utilisation.

Note :

Pour précuire la croûte, couvrir la pâte de papier-parchemin et ajouter des haricots secs pour l'empêcher de gonfler. Cuire au four préchauffé à 375 °F (190 °C) pendant 20 minutes.

Cette pâte est meilleure si on l'abaisse à double épaisseur. La pâte se conservera jusqu'à 48 heures au réfrigérateur et jusqu'à 1 mois au congélateur.

PÂTE BRISÉE AU FROMAGE À LA CRÈME

DONNE 1 ABAISSE.

- 1 tasse (250 ml) de beurre demi-sel ou salé
- 3/4 tasse (180 ml) de fromage à la crème
- 1 c. à thé (5 ml) de sucre
- 1 pincée de sel
- 2 tasses (500 ml) de farine tout usage non blanchie

1. Dans un bol, au batteur électrique, mélanger le beurre et le fromage à la crème. Incorporer le sucre et le sel. Ajouter la farine et mélanger. 2. Sur un plan de travail légèrement fariné, abaisser la pâte au rouleau en formant un cercle épais. Envelopper de pellicule plastique et réfrigérer pendant 2 heures. Pour précuire la croûte, abaisser la pâte sur une surface farinée, puis la presser dans un moule à tarte à fond amovible. Réfrigérer pendant 20 minutes. Couvrir de papier-parchemin et ajouter des haricots secs pour l'empêcher de gonfler. Cuire au four préchauffé à 375 °F (190 °C) environ 25 minutes, jusqu'à ce qu'elle soit cuite et légèrement dorée.

Note :

Même si elle est riche, cette pâte apporte un peu de légèreté aux garnitures plus sucrées.

La pâte se conservera jusqu'à 48 heures au réfrigérateur. Il n'est pas recommandé de la congeler.

RECETTES DE BASE

PÂTE SUCRÉE

DONNE 1 ABAISSE.

- 1 2/3 tasse (410 ml) de farine tout usage non blanchie (voir Note)
- 1 pincée de sel
- 1/2 tasse (125 ml) de sucre
- 1/2 tasse (125 ml) de beurre non salé, en dés
- 3 jaunes d'œufs
- 1/4 tasse (60 ml) d'eau glacée
- 1/2 c. à thé (2 ml) d'extrait de vanille

1. Au robot culinaire, mélanger la farine, le sel et le sucre. Ajouter le beurre et mélanger par petits coups pendant 20 secondes. 2. Dans un petit bol, battre les jaunes d'œufs, l'eau glacée et la vanille. Verser lentement dans le robot en mélangeant par petits coups jusqu'à formation d'une boule. 3. Sur une surface farinée, à l'aide du rouleau, abaisser la pâte en formant un cercle épais. Envelopper de pellicule plastique et réfrigérer pendant 45 minutes.

Note :

On peut aussi préparer cette pâte avec moitié farine tout usage et moitié farine de blé entier. Il faut alors ajouter 2 c. à table (30 ml) d'eau glacée à la quantité indiquée dans la liste des ingrédients.

Pour précuire la croûte, couvrir la pâte de papier-parchemin et ajouter des haricots secs pour l'empêcher de gonfler. Cuire au four préchauffé à 375 °F (190 °C) pendant 20 minutes.

La pâte se conservera jusqu'à 48 heures au réfrigérateur et jusqu'à 1 mois au congélateur.

Variante :

PÂTE SUCRÉE COLORÉE

Ajouter 3 ou 4 gouttes de colorant alimentaire aux œufs battus avant de les incorporer au mélange de farine. Pour une couleur plus vive, on peut ajouter quelques gouttes de plus.

La pâte se conservera jusqu'à 48 heures au réfrigérateur. Il n'est pas recommandé de la congeler.

PÂTE SEMI-FEUILLETÉE

DONNE 1 ABAISSE.

- 2/3 tasse (160 ml) de beurre non salé froid
- 1 1/4 tasse (310 ml) de farine tout usage non blanchie
- 1/4 c. à thé (1 ml) de sel
- 8 c. à table (120 ml) d'eau glacée

1. Diviser le beurre en 4 parts et couper chaque part en petits cubes. 2. Tamiser la farine sur une surface de travail fraîche (le marbre est idéal). Faire un puits au centre. Ajouter une part de beurre, le sel et 6 c. à table (90 ml) d'eau glacée. 3. Avec les doigts, incorporer les ingrédients à la farine jusqu'à consistance homogène (si la pâte est trop sèche, ajouter peu à peu le reste de l'eau). Former une boule ferme, envelopper de pellicule plastique et réfrigérer pendant 20 minutes. 4. Sur une surface de travail légèrement farinée, abaisser la pâte en forme de rectangle. Couvrir d'une part de petits cubes de beurre. Plier la pâte en 3 carrés et aplatir au rouleau. Envelopper de pellicule plastique et réfrigérer pendant 15 minutes. 5. Répéter l'étape 4 deux autres fois. La dernière fois, réfrigérer la pâte pendant 1 heure avant utilisation.

Note :

Moins difficile à faire que la véritable pâte feuilletée, cette pâte exige toutefois une attention particulière et beaucoup de patience. Si vous préférez la pâte feuilletée traditionnelle, je vous recommande de l'acheter congelée, de préférence en feuilles.

Vous pouvez tripler la recette.

La pâte se conservera jusqu'à 48 heures au réfrigérateur et jusqu'à 1 mois au congélateur.

PÂTE SABLÉE

DONNE 1 ABAISSE.

- 2 tasses (500 ml) de farine tout usage non blanchie (voir Note)
- 1/2 tasse (125 ml) de beurre non salé froid, en dés
- 1/8 c. à thé (0,5 ml) de sel
- 3/4 tasse (180 ml) de sucre
- 2 gros œufs, battus

1. Au robot culinaire, mélanger la farine, le beurre, le sel et le sucre environ 20 secondes, jusqu'à consistance sablonneuse. 2. Ajouter les œufs et mélanger par petits coups environ 20 secondes, jusqu'à ce que la préparation se tienne bien. 3. Avec les doigts farinés, presser la pâte au fond et sur les côtés d'un moule à tarte. Couvrir de pellicule plastique et réfrigérer au minimum 30 minutes avant utilisation.

Note :

On peut aussi préparer cette pâte avec moitié farine tout usage et moitié farine de blé entier. Il faut alors ajouter 2 c. à table (30 ml) d'eau glacée à la quantité indiquée dans la liste des ingrédients.

Pour précuire la croûte, couvrir la pâte de papier-parchemin et ajouter des haricots secs pour l'empêcher de gonfler. Cuire au four préchauffé à 375 °F (190 °C) environ 20 minutes.

Il est plus facile de travailler cette pâte avec les doigts farinés qu'au rouleau.

La pâte se conservera jusqu'à 48 heures au réfrigérateur et jusqu'à 1 mois au congélateur.

PÂTE SABLÉE AU CHOCOLAT

DONNE 1 ABAISSE.

- 2 jaunes d'œufs
- 1 c. à table (15 ml) d'eau
- 1 2/3 tasse (410 ml) de farine tout usage non blanchie
- 1 tasse (250 ml) de sucre glace
- 1 pincée de sel
- 1 c. à table (15 ml) de poudre de cacao
- 3/4 tasse (180 ml) de beurre non salé très froid, en dés

1. Dans un petit bol, à l'aide d'un fouet, battre les jaunes d'œufs et l'eau. 2. Au robot culinaire, mélanger le reste des ingrédients jusqu'à ce que la consistance soit semblable à celle d'une chapelure. 3. Incorporer les jaunes d'œufs en mélangeant jusqu'à ce que la pâte forme une boule. Envelopper de pellicule plastique et réfrigérer pendant 2 heures.

Note :

Pour précuire la croûte, couvrir la pâte de papier-parchemin et ajouter des haricots secs pour l'empêcher de gonfler. Cuire au four préchauffé à 375 °F (190 °C) environ 25 minutes.

La pâte se conservera jusqu'à 24 heures au réfrigérateur et jusqu'à 1 mois au congélateur.

RECETTES DE BASE

PÂTE SABLÉE AU CHEDDAR

DONNE 1 ABAISSE.

- 2 tasses (500 ml) de farine tout usage non blanchie
- 1/2 tasse (125 ml) de beurre non salé froid, en dés
- 1/8 c. à thé (0,5 ml) de sel
- 3/4 tasse (180 ml) de sucre
- 1 tasse (250 ml) de cheddar fort, râpé
- 2 gros œufs, battus

1. Au robot culinaire, mélanger la farine, le beurre, le sel et le sucre environ 20 secondes, jusqu'à consistance sablonneuse. 2. Ajouter le cheddar et les œufs et mélanger par petits coups environ 20 secondes, jusqu'à ce que la préparation se tienne bien. 3. Avec les doigts farinés, presser la pâte au fond et sur les côtés d'un moule à tarte. Couvrir de pellicule plastique et réfrigérer pendant 3 heures avant utilisation.

Note :

Pour précuire la croûte, couvrir la pâte de papier-parchemin et ajouter des haricots secs pour l'empêcher de gonfler. Cuire au four préchauffé à 375 °F (190 °C) environ 20 minutes.

Il est plus facile de travailler cette pâte avec les doigts farinés qu'au rouleau.

La pâte se conservera jusqu'à 72 heures au réfrigérateur. Il n'est pas recommandé de la congeler.

CROÛTE AUX NOIX

DONNE 1 ABAISSE.

- 1 tasse (250 ml) de farine tout usage non blanchie
- 2 c. à table (30 ml) de sucre
- 1 tasse (250 ml) de noix, moulues
- 1/3 tasse (80 ml) de beurre non salé froid, en petits dés
- 3 c. à table (45 ml) d'eau froide

1. Au robot culinaire, mélanger la farine, le sucre et les noix. Ajouter le beurre et mélanger par petits coups jusqu'à l'obtention d'une texture fine et granuleuse. 2. Ajouter l'eau, 1 c. à table (15 ml) à la fois, et mélanger rapidement pour former une boule. Envelopper de pellicule plastique et réfrigérer pendant 30 minutes. 3. À l'aide du rouleau, abaisser la pâte sur une surface légèrement farinée, puis la presser dans un moule à tarte. Réfrigérer pendant 30 minutes avant de la cuire.

Note :

Pour précuire la croûte, couvrir la pâte de papier-parchemin et ajouter des haricots secs pour l'empêcher de gonfler. Cuire au four préchauffé à 375 °F (190 °C) environ 20 minutes. On peut aussi ajouter des noisettes ou des pistaches à la pâte.

La pâte se conservera jusqu'à 48 heures au réfrigérateur. Il n'est pas recommandé de la congeler.

CROÛTE AUX BISCUITS GRAHAM

DONNE 1 CROÛTE.

- 2 tasses (500 ml) de biscuits Graham, émiettés
- 3/4 tasse (180 ml) de beurre non salé, fondu
- 1/4 tasse (60 ml) de sucre
- 1/4 tasse (60 ml) de cassonade
- 1/4 c. à thé (1 ml) de cannelle moulue

1. Dans un bol, bien mélanger tous les ingrédients. 2. Presser la préparation au fond et sur la paroi d'un moule à tarte et réfrigérer pendant 1 heure.

Note :

Cette croûte se prête à de nombreux usages et convient particulièrement aux garnitures légères et fondantes.

La pâte se conservera jusqu'à 48 heures au réfrigérateur. Il n'est pas recommandé de la congeler.

Variante :

CROÛTE AUX BISCUITS GRAHAM ET AUX NOIX

Ajouter 1 tasse (250 ml) de noix ou de pistaches hachées à la recette de base.

Note :

La pâte se conservera jusqu'à 48 heures au réfrigérateur. Il n'est pas recommandé de la congeler.

CROÛTE AUX PETITS-BEURRE

DONNE 1 CROÛTE.

- 2 tasses (500 ml) de biscuits petits-beurre, émiettés
- 3/4 tasse (180 ml) de beurre non salé, fondu
- 1/2 tasse (125 ml) de sucre

1. Dans un bol, bien mélanger tous les ingrédients. 2. Presser la préparation au fond d'un moule à tarte et réfrigérer pendant 1 heure.

Note :

Cette recette vite faite peut remplacer la croûte aux biscuits Graham.

La pâte se conservera jusqu'à 48 heures au réfrigérateur. Il n'est pas recommandé de la congeler.

RECETTES DE BASE

FRANGIPANE

DONNE 1 1/2 TASSE (375 ML).

- 1/3 tasse (80 ml) de beurre non salé
- 2/3 tasse (160 ml) de sucre glace
- 2 c. à table (30 ml) de fécule de maïs
- 1 tasse (250 ml) de poudre d'amande
- 2 œufs
- 1/2 c. à thé (2 ml) d'extrait d'amande
- 1 c. à table (15 ml) de rhum (facultatif)
- 1/4 tasse (60 ml) de crème à fouetter (35 %)

1. Dans un bol, travailler le beurre en pommade. Ajouter le sucre glace, la fécule de maïs et la poudre d'amande. Bien mélanger. 2. Incorporer les œufs, puis l'extrait d'amande, le rhum et la crème. 3. Cuire en suivant les instructions de la recette choisie.

Note :

Cette recette peut être préparée au robot culinaire et réfrigérée pendant 48 heures. Pour un goût plus prononcé, doublez la quantité d'extrait d'amande.

CRÈME PÂTISSIÈRE

DONNE 3 TASSES (750 ML).

- 2 tasses (500 ml) de lait
- 1 c. à thé (5 ml) d'extrait de vanille
- 3 jaunes d'œufs
- 1 œuf entier
- 6 c. à table (90 ml) de sucre
- 6 c. à table (90 ml) de farine tout usage non blanchie

1. Dans une casserole, porter le lait et la vanille à ébullition. Retirer du feu et laisser refroidir un peu. 2. Dans un bol, à l'aide d'un fouet, battre les jaunes d'œufs et l'œuf avec le sucre jusqu'à ce qu'ils pâlissent et épaississent. Incorporer la farine. 3. Verser le lait sur les œufs en fouettant sans cesse. Reverser la préparation dans la casserole et cuire à feu doux en fouettant jusqu'à épaississement. Retirer du feu et laisser refroidir complètement.

Note :

Cette crème peut être utilisée dans plusieurs préparations.

Variante :

CRÈME PÂTISSIÈRE À LA CORIANDRE

- 1 botte de coriandre ou autre herbe au goût, hachée
- 2 tasses (500 ml) de lait, chaud

1. Laisser infuser la moitié de la coriandre dans le lait chaud pendant 2 heures. Filtrer au tamis fin. Préparer la crème pâtissière (recette précédente) en remplaçant le lait ordinaire par le lait à la coriandre. À la fin seulement, ajouter le reste de la coriandre hachée.

CRÈME D'AMANDE

DONNE 1 1/2 TASSE (375 ML).

- 1/4 tasse (60 ml) d'amandes mondées
- 1/4 tasse (60 ml) de sucre
- 1 œuf
- 2 c. à table (30 ml) de cognac
- 1 tasse (250 ml) de crème à fouetter (35 %)

1. Au robot culinaire, broyer les amandes très finement. Ajouter le sucre et mélanger. Incorporer l'œuf, le cognac et la crème en mélangeant jusqu'à consistance onctueuse.

Note :

Cette crème est plus légère et moins sucrée que la frangipane. La crème 35 % peut être remplacée par du yogourt.

CRÈME CHANTILLY

DONNE 2 TASSES (500 ML).

- 1 tasse (250 ml) de crème à fouetter (35 %)
- 1/2 c. à thé (2 ml) d'extrait de vanille
- 2 c. à table (30 ml) de sucre

1. Dans un bol, au batteur électrique, fouetter la crème avec la vanille jusqu'à épaississement. 2. Ajouter le sucre et fouetter jusqu'à formation de pics fermes. Se conserve au réfrigérateur pendant 1 heure.

Note :

C'est le célèbre chef François Vatel qui créa cette crème pour le roi Louis XIV.

TARTE AU SUCRE TRADITIONNELLE

6 PORTIONS

- 1 abaisse de pâte brisée (p. 10)
- 1 1/2 tasse (375 ml) de cassonade
- 1/4 tasse (60 ml) de lait évaporé
- 1 c. à table (15 ml) de beurre, en petits dés

1. Préchauffer le four à 375 °F (190 °C). 2. Presser l'abaisse dans un moule à tarte. Ajouter la cassonade et le lait évaporé, puis mélanger délicatement à la fourchette. Parsemer de dés de beurre. 3. Cuire au four environ 30 minutes, jusqu'à ce que la pâte et la garniture soient dorées. Laisser refroidir à température ambiante pendant 15 minutes avant de servir.

SUCRE

TARTE AU SUCRE, AU GINGEMBRE ET AU PANKO

6 PORTIONS

Pâte :

● 7 oz (200 g) de biscuits au gingembre, émiettés

● 1/2 tasse (125 ml) de sucre

● 2 c. à table (30 ml) de beurre

● 1 œuf

Garniture :

● 1 1/4 tasse (310 ml) de sirop de maïs foncé

● 1/2 tasse (125 ml) de cassonade

● 1/2 c. à thé (2 ml) de gingembre moulu

● 2 c. à table (30 ml) de jus d'orange

● 1 c. à table (15 ml) de zeste d'orange

● 3 œufs

● 1/2 tasse (125 ml) de chapelure japonaise (de type panko)

1. Pâte : Dans un bol, mélanger les biscuits, le sucre et le beurre. Incorporer l'œuf. Verser dans un moule à tarte et presser du bout des doigts. 2. Préchauffer le four à 375 °F (190 °C). 3. Couvrir la pâte de papier-parchemin, puis de haricots secs pour l'empêcher de gonfler. Cuire au four pendant 15 minutes et réserver. 4. Garniture : Dans une casserole, à feu doux, chauffer le sirop de maïs, la cassonade, le gingembre, le jus et le zeste d'orange. Ajouter les œufs et battre à l'aide d'un fouet. Chauffer 5 minutes. Ajouter la chapelure, mélanger et verser dans la croûte. 5. Cuire au four environ 20 minutes, jusqu'à ce que la garniture soit dorée et presque ferme. Laisser refroidir à température ambiante pendant 30 minutes avant de servir.

> LES FRAMBOISES FONT UN HEUREUX MÉNAGE AVEC LA GARNITURE SUCRÉE.

TARTE AU SUCRE ET AUX FRAMBOISES

6 PORTIONS

- 2 œufs
- 2 tasses (500 ml) de cassonade
- 1/4 tasse (60 ml) de fécule de maïs
- 2 c. à table (30 ml) de cognac
- 1/4 tasse (60 ml) de crème à fouetter (35 %)
- 2 c. à table (30 ml) de sirop de maïs
- 1 pincée de sel
- 1 abaisse de pâte brisée au fromage à la crème (p. 11)
- 1 1/2 tasse (375 ml) de framboises
- 1 c. à table (15 ml) de sucre glace

1. Préchauffer le four à 350 °F (180 °C). 2. Dans un bol, fouetter les œufs jusqu'à ce qu'ils pâlissent. Ajouter la cassonade, la fécule de maïs, le cognac, la crème, le sirop de maïs et le sel. Bien mélanger et verser dans la croûte. Cuire au four pendant 10 minutes. 3. Répartir les framboises dans la croûte. Remettre au four et cuire environ 30 minutes, jusqu'à ce que la pâte soit cuite et que la garniture soit prise. 4. Laisser refroidir à température ambiante pendant 30 minutes avant de servir.

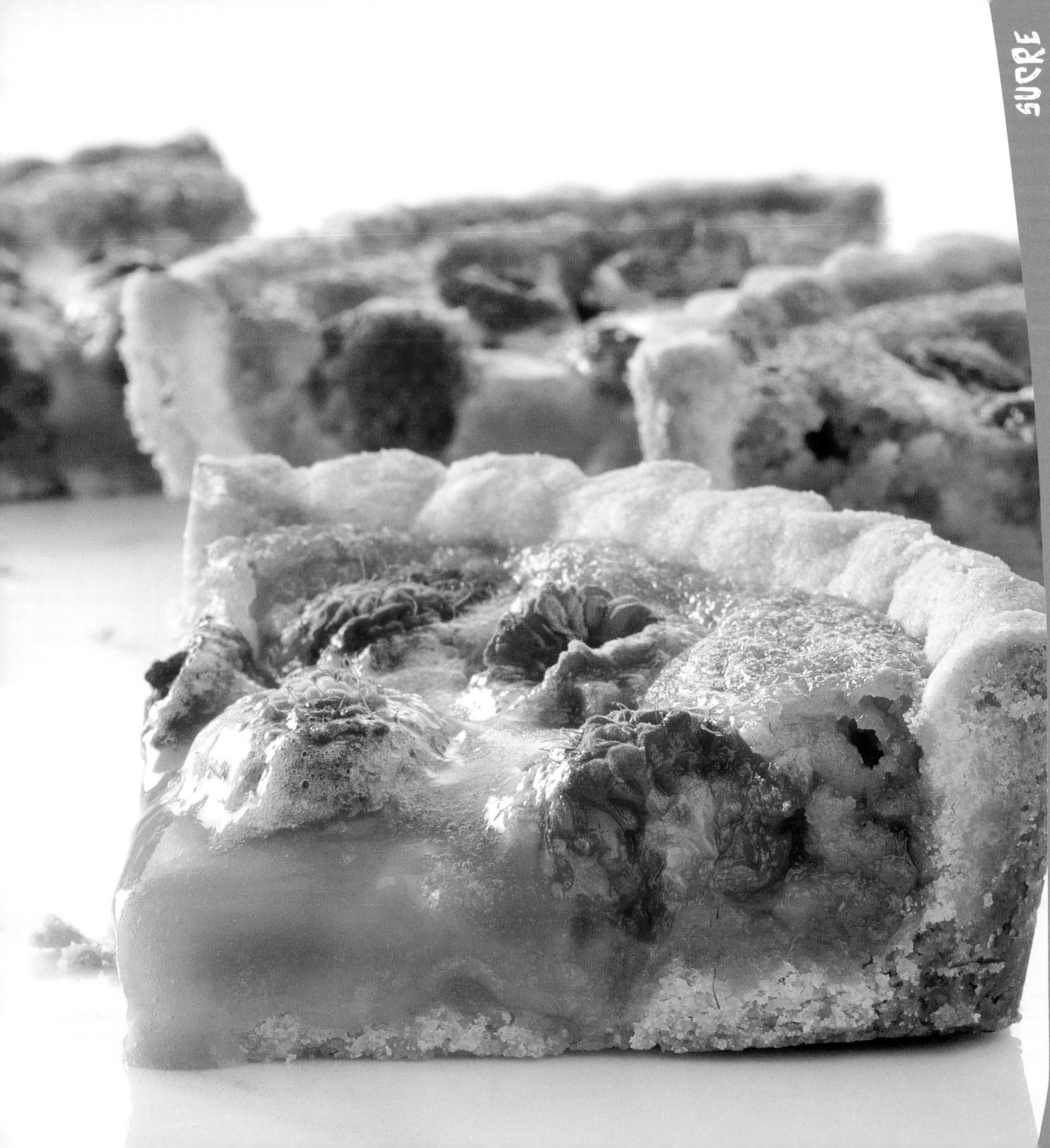

LA PÂTE BRISÉE AU FROMAGE À LA CRÈME EST LE COMPLÉMENT PARFAIT DU SUCRE ET DU SIROP D'ÉRABLE.

TARTE AU SUCRE ET À L'ÉRABLE

6 PORTIONS

- 1 abaisse de pâte brisée au fromage à la crème (p. 11)
- 1/2 tasse (125 ml) de cassonade
- 12 oz (375 g) de sucre d'érable
- 3/4 tasse (180 ml) de lait évaporé
- 2/3 tasse (160 ml) de sirop d'érable
- 2 œufs
- 2 c. à table (30 ml) de fécule de maïs

1. Presser l'abaisse dans un moule à tarte à fond amovible et réfrigérer pendant 30 minutes. **2.** Préchauffer le four à 350 °F (180 °C). **3.** Dans une casserole, à feu doux, mélanger la cassonade, le sucre d'érable, le lait évaporé et le sirop d'érable. Cuire 10 minutes en remuant à l'aide d'un fouet. Retirer du feu et incorporer les œufs sans cesser de battre. Ajouter la fécule de maïs et mélanger. **4.** Verser la préparation dans le fond de tarte. Cuire au four environ 40 minutes, jusqu'à ce que la pâte soit dorée et que la garniture soit ferme au toucher. Laisser refroidir à température ambiante pendant 15 minutes avant de servir.

TARTE AU SUCRE À LA CRÈME ET AUX AMANDES

À SAVOURER LENTEMENT AVEC DU CAFÉ OU DU THÉ BIEN CHAUD.

6 PORTIONS

- 1 abaisse de pâte brisée (p. 10)
- 2 tasses (500 ml) de cassonade
- 1/2 tasse (125 ml) de crème 15 %
- 2 œufs
- 1/2 c. à thé (2 ml) d'extrait de vanille
- 2 c. à table (30 ml) de farine
- 1 pincée de sel
- 1 tasse (250 ml) d'amandes effilées
- 2 c. à table (30 ml) de beurre, en petits dés

1. Préchauffer le four à 350 °F (180 °C). **2.** Presser l'abaisse dans un moule à tarte. **3.** Dans une casserole, à feu doux et à l'aide d'un fouet, faire fondre la cassonade dans la crème. Retirer du feu, puis incorporer les œufs et la vanille. Ajouter la farine, le sel et les amandes. Verser dans le moule et parsemer de dés de beurre. **4.** Cuire au four environ 40 minutes, jusqu'à ce que la garniture soit dorée. Laisser refroidir à température ambiante pendant 30 minutes avant de servir.

TARTE AUX POMMES TRADITIONNELLE

8 PORTIONS

- 6 pommes, pelées
- 2 c. à table (30 ml) de jus de citron
- 1/2 tasse (125 ml) de sucre
- 1 recette de pâte brisée (p. 10)
- 1 tasse (250 ml) de purée de pommes
- 2 c. à table (30 ml) de gelée de pommes

1. Préchauffer le four à 350 °F (180 °C). 2. Couper les pommes en tranches fines et les déposer dans un grand bol. Arroser de jus de citron et mélanger. Saupoudrer de la moitié du sucre et réserver pendant 10 minutes. 3. À l'aide du rouleau, abaisser la pâte, puis la presser dans un moule à tarte mince à fond amovible. Pincer le bord. Couvrir le fond de papier-parchemin, puis ajouter des haricots secs pour l'empêcher de gonfler. Cuire au four pendant 15 minutes. Laisser refroidir à température ambiante pendant 10 minutes. 4. Remplir la croûte de purée de pommes. 5. Égoutter les tranches de pomme sur du papier absorbant, puis les disposer en spirale sur la purée. Saupoudrer du reste du sucre. Cuire au four environ 20 minutes, jusqu'à ce que les pommes soient tendres et dorées. 6. Laisser refroidir complètement à température ambiante. Badigeonner de gelée de pommes et servir immédiatement.

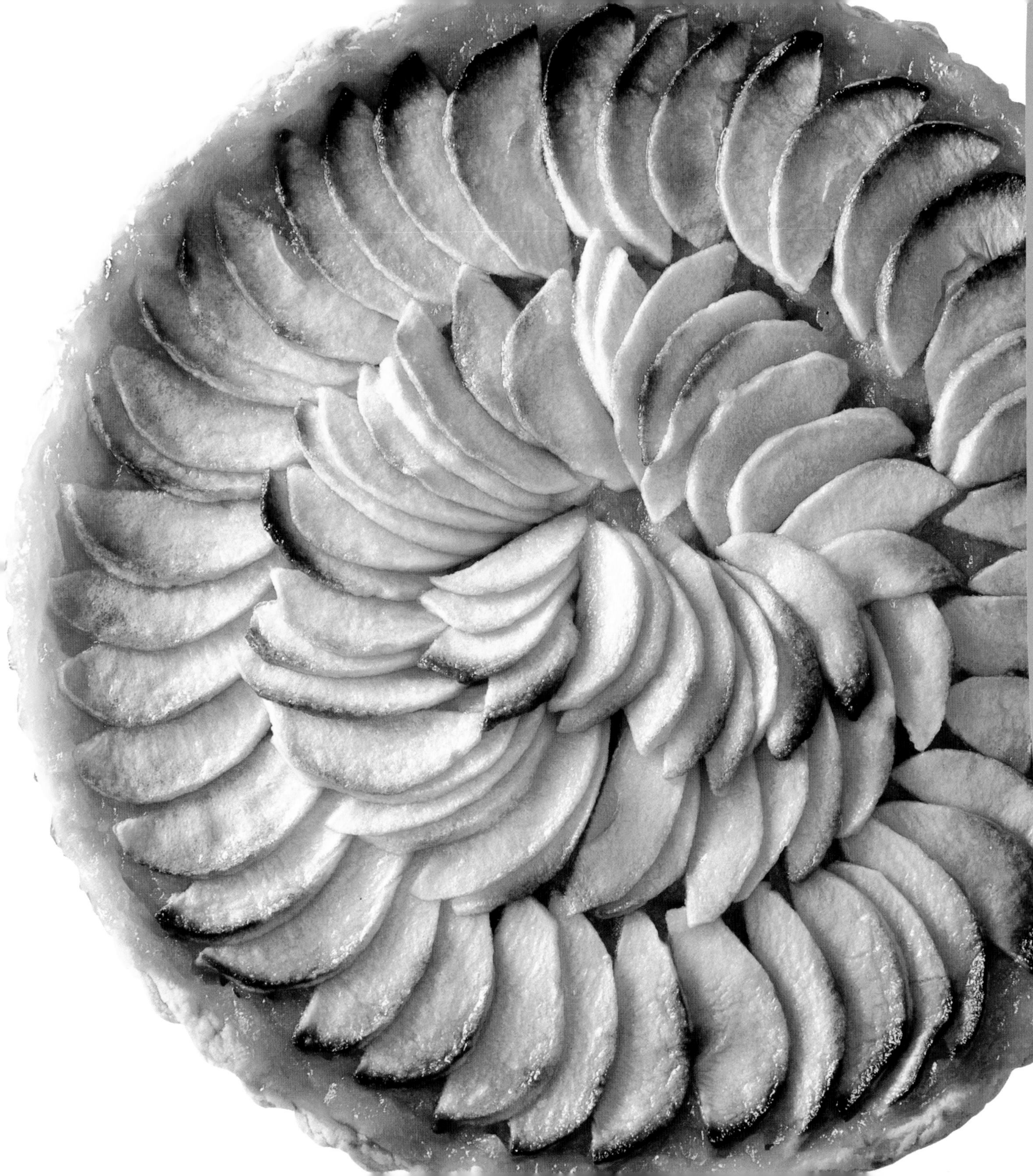

TARTE AUX POMMES ET AUX FRAMBOISES DE TANTE LOUISE

8 PORTIONS

- 1 recette double de pâte brisée sucrée (p. 10)
- 1 tasse (250 ml) de framboises
- 1 c. à thé (5 ml) de coriandre moulue
- 2 c. à table (30 ml) de fécule de maïs
- 6 grosses pommes, pelées et coupées en tranches épaisses
- 2/3 tasse (160 ml) de sucre
- 1/3 tasse (80 ml) de farine
- 1 œuf
- 1 c. à table (15 ml) d'eau

1. Préchauffer le four à 375 °F (190 °C). 2. À l'aide du rouleau, abaisser la pâte, puis la découper en 2 cercles. Presser une abaisse dans un moule à tarte. 3. Dans un bol, mélanger les framboises, la coriandre et la fécule de maïs. Dans un autre bol, mélanger les pommes, le sucre et la farine. Mélanger délicatement avec les framboises. 4. Déposer les fruits dans le moule. Couvrir de la deuxième abaisse et presser doucement les bords pour bien sceller la tarte. 5. Dans un bol, battre l'œuf avec l'eau, puis en badigeonner la pâte. Cuire au four environ 45 minutes, jusqu'à ce que la pâte soit bien dorée. Laisser refroidir à température ambiante pendant 20 minutes avant de servir.

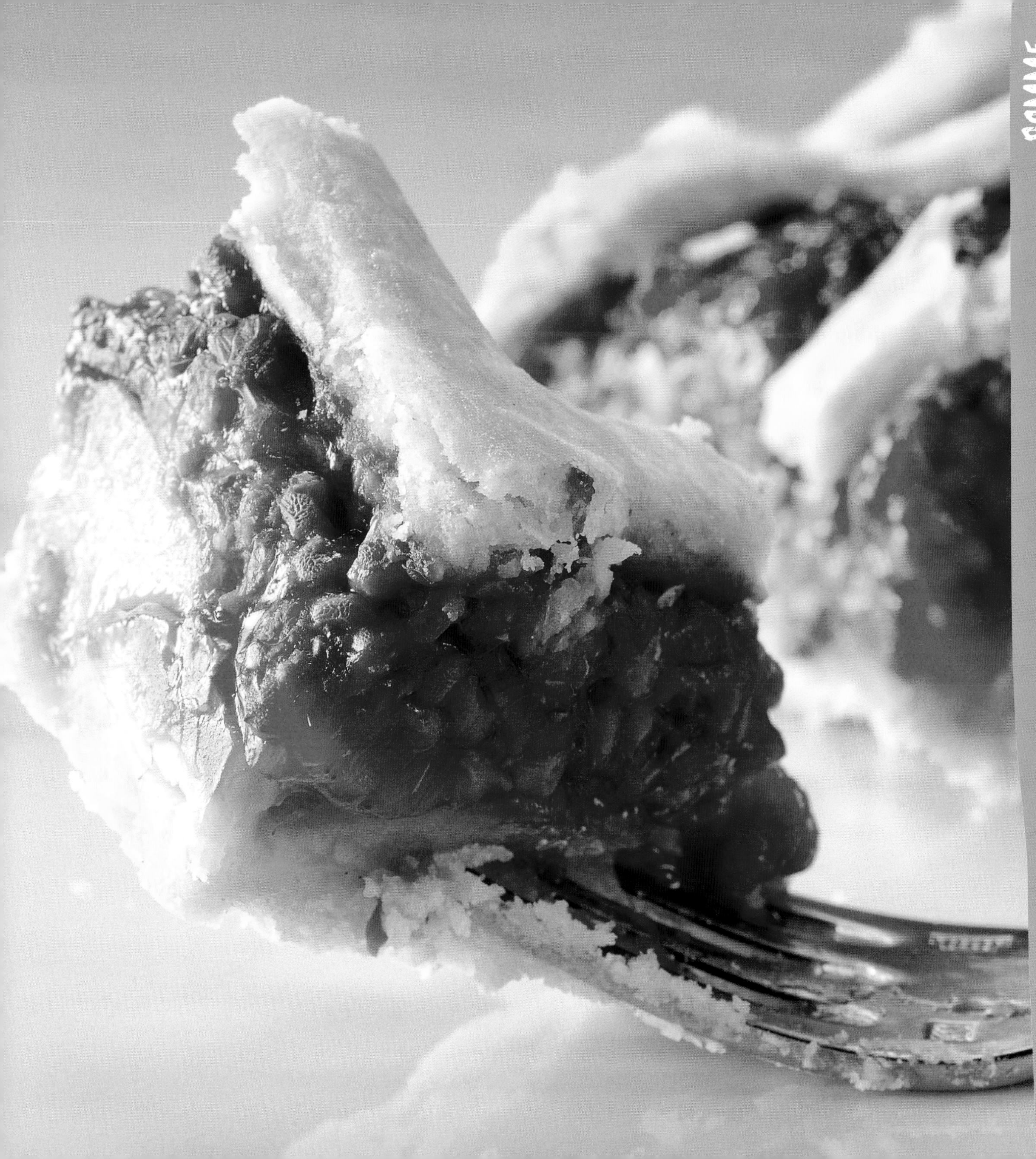

SAVOUREZ CETTE TARTE DÈS SA SORTIE DU FOUR ET SAUPOUDREZ-LA DE SUCRE GLACE, SI DÉSIRÉ.

TARTE FINE AUX POMMES

4 PORTIONS

- 1 feuille de pâte feuilletée du commerce ou 1 recette de pâte semi-feuilletée (p. 12)
- 1/8 c. à thé (0,5 ml) de vanille en poudre
- 4 pommes, pelées et coupées en tranches très fines
- 1/4 tasse (60 ml) de sucre
- 2 c. à table (30 ml) de beurre froid, en petits dés

1. Préchauffer le four à 400 °F (200 °C). 2. À l'aide du rouleau, abaisser la pâte en formant un cercle, puis la déposer sur une plaque à pâtisserie couverte de papier-parchemin. Piquer à la fourchette et saupoudrer de vanille. 3. Couvrir avec les pommes en les faisant se chevaucher légèrement. Saupoudrer de sucre et parsemer de dés de beurre. 4. Cuire au four environ 20 minutes, jusqu'à ce que la pâte soit cuite et que les pommes soient bien dorées. Servir immédiatement.

TARTE AUX POMMES DE PAPA

6 PORTIONS

- 1 recette double de pâte brisée (p. 10)
- 8 grosses pommes, pelées et coupées en quartiers
- 1/4 tasse (60 ml) de sucre
- 2 c. à table (30 ml) de farine
- 1 c. à table (15 ml) de zeste de citron, haché
- 1/2 c. à thé (2 ml) de cannelle moulue
- 2 c. à table (30 ml) de beurre froid, en petits dés
- 1 œuf battu

SOUVENIR DE MON ENFANCE, CETTE TARTE PEUT ÊTRE PRÉPARÉE À L'AVANCE ET RÉCHAUFFÉE LÉGÈREMENT AU FOUR. ELLE EST ENCORE MEILLEURE AVEC DE LA GLACE À LA VANILLE.

1. Préchauffer le four à 375 °F (190 °C). 2. À l'aide du rouleau, abaisser la pâte, puis la découper en 2 cercles. Presser une abaisse dans un moule à tarte. 3. Dans un bol, mélanger les pommes, le sucre, la farine, le zeste et la cannelle. Étaler dans le moule, puis parsemer de dés de beurre. Couvrir de la deuxième abaisse et presser doucement les bords pour bien sceller. Entailler le dessus pour laisser la vapeur s'échapper, puis badigeonner d'œuf battu. 4. Cuire au four environ 45 minutes, jusqu'à ce que la tarte soit dorée et que la garniture soit bouillonnante. Servir immédiatement.

MA TARTE AUX POMMES PRÉFÉRÉE

6 PORTIONS

- 2 3/4 tasses (680 ml) de biscuits Graham, émiettés
- 1/2 tasse (125 ml) de poudre d'amande
- 3/4 tasse (180 ml) + 2 c. à table (30 ml) de sucre
- 1/4 tasse (60 ml) de beurre, fondu
- 1 tasse (250 ml) de purée de pommes
- 1 tasse (250 ml) de fromage mascarpone
- 1/2 tasse (125 ml) de crème à fouetter (35 %)
- 1 c. à table (15 ml) de zeste d'orange
- 2 c. à table (30 ml) de beurre
- 3 pommes, pelées et coupées en petits dés
- 2 c. à table (30 ml) de jus d'orange
- 3 c. à table (45 ml) d'amandes effilées

1. Dans un bol, mélanger les biscuits, la poudre d'amande, 3/4 tasse (180 ml) de sucre et le beurre fondu. Presser dans un moule à fond amovible et réfrigérer pendant 1 heure. 2. Étaler la purée de pommes sur la pâte et réfrigérer. 3. Dans un bol, fouetter le mascarpone, la crème et le zeste. Étaler uniformément sur la purée de pommes et réfrigérer. 4. Dans un poêlon, à feu moyen, faire fondre le beurre. Ajouter les pommes et faire sauter 1 minute. Ajouter 2 c. à table (30 ml) de sucre et le jus d'orange. Laisser caraméliser à feu vif et retirer aussitôt du feu. Incorporer les amandes effilées et mélanger. Garnir la tarte et servir immédiatement.

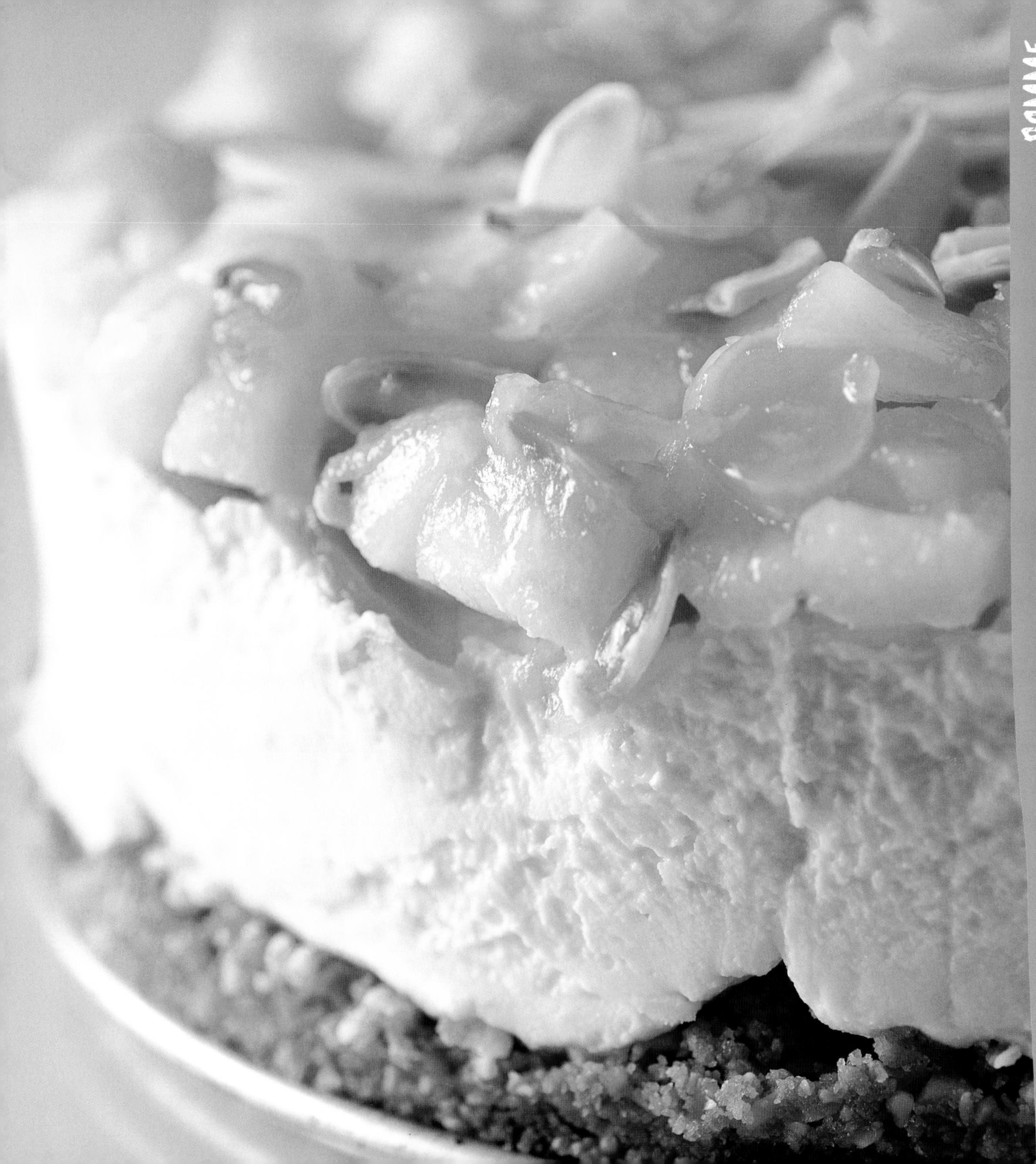

TARTE AUX POMMES ET AU BACON

6 PORTIONS

- 1/4 tasse (60 ml) de beurre
- 6 pommes, en cubes
- 1 tasse (250 ml) de sucre
- 1/2 tasse (125 ml) de jus de pomme
- 12 oz (375 g) de bacon, cuit et émietté
- 3 c. à table (45 ml) de noix, hachées
- 1 croûte de pâte brisée, cuite (p. 10)
- 4 tranches fines de bacon (facultatif)

1. Dans un poêlon, chauffer le beurre et faire sauter les pommes pendant 1 minute. Ajouter le sucre et remuer doucement. Verser le jus de pomme et cuire à feu doux pendant 8 minutes en remuant de temps à autre. Incorporer les miettes de bacon et les noix. 2. Verser la préparation dans la croûte. 3. Préchauffer le four à 375 °F (190 °C). 4. Enrouler les tranches de bacon autour de petits rouleaux métalliques résistant à la chaleur. Cuire au four jusqu'à ce qu'elles dorent légèrement sans sécher. Laisser refroidir à température ambiante pendant 5 minutes avant de retirer les rouleaux. Déposer sur la tarte et servir immédiatement.

TARTE-CRUMBLE AUX POMMES ET AUX CANNEBERGES

4 PORTIONS

- 1 abaisse de pâte brisée (p. 10)
- 2 c. à table (30 ml) de fécule de maïs
- 1/4 tasse (60 ml) de sucre glace
- 6 pommes, pelées et coupées en quartiers
- 2 c. à table (30 ml) de canneberges séchées
- 2 c. à table (30 ml) de farine
- 3 c. à table (45 ml) de cassonade
- 1/4 c. à thé (1 ml) de piment de la Jamaïque
- 1/4 tasse (60 ml) de flocons d'avoine
- 2 c. à table (30 ml) de beurre, en petits dés

1. Presser l'abaisse dans un moule à tarte et réfrigérer pendant 30 minutes. 2. Préchauffer le four à 350 °F (180 °C). 3. Dans un bol, mélanger la fécule de maïs et le sucre glace, puis y rouler les pommes pour bien les enrober. Étaler uniformément dans le moule, puis ajouter les canneberges. 4. Dans un bol, mélanger la farine, la cassonade, le piment de la Jamaïque et les flocons d'avoine. Incorporer le beurre du bout des doigts. Étaler uniformément sur les pommes. 5. Cuire au four environ 35 minutes, jusqu'à ce que le dessus de la tarte soit doré. Laisser refroidir à température ambiante pendant 20 minutes avant de servir.

UN PUR DÉLICE ! CETTE TARTE EST ÉTONNANTE, ET VOS INVITÉS EN REDEMANDERONT À COUP SÛR.

TARTE AUX POMMES ET À LA CRÈME D'AMANDE

8 PORTIONS

- 1 feuille de pâte feuilletée du commerce ou 1 recette de pâte semi-feuilletée (p. 12)
- 3 lb (1,5 kg) de pommes à cuire
- 1/2 tasse (125 ml) de sucre
- 1 recette de crème d'amande (p. 17)
- 1/2 tasse (125 ml) d'amandes effilées

1. Préchauffer le four à 350 °F (180 °C). 2. Abaisser la pâte au rouleau et presser l'abaisse dans un moule à tarte. Couvrir de papier-parchemin et ajouter des haricots secs pour l'empêcher de gonfler. Cuire au four environ 20 minutes, jusqu'à ce qu'elle soit légèrement dorée. Laisser refroidir sur une grille pendant 15 minutes. 3. Peler les pommes, puis les couper en tranches. Déposer dans une casserole, ajouter le sucre et cuire à feu doux en remuant jusqu'à consistance de compote. Laisser refroidir à température ambiante. 4. Verser la crème d'amande dans la croûte refroidie. Cuire au four environ 15 minutes, jusqu'à ce que la crème soit légèrement prise et tremblotante. Laisser refroidir complètement à température ambiante. 5. Couvrir de compote de pommes et parsemer d'amandes. Réfrigérer pendant 2 heures avant de servir.

TARTE AU CHOCOLAT TRADITIONNELLE

6 PORTIONS

- 5 oz (150 g) de chocolat noir 70 %
- 1/2 c. à thé (2 ml) d'extrait de vanille
- 1 c. à table (15 ml) de sucre
- 4 jaunes d'œufs
- 4 blancs d'œufs
- 1 pincée de sel
- 1 recette de pâte brisée, cuite (p. 10)
- 3 1/2 oz (100 g) de sucre glace
- 2 c. à table (30 ml) de chocolat noir 70 %, râpé (facultatif)

1. Déposer le chocolat dans un grand bol résistant à la chaleur. Faire fondre au micro-ondes ou au bain-marie. À l'aide d'un fouet, incorporer lentement la vanille, le sucre et les jaunes d'œufs. **2.** Dans un bol, à l'aide d'un fouet, battre les blancs d'œufs avec le sel jusqu'à consistance mousseuse. Ajouter le sucre glace et fouetter jusqu'à formation de pics fermes. Mélanger avec la préparation au chocolat en soulevant délicatement la masse. Verser dans la croûte et réfrigérer pendant au moins 3 heures. **3.** Garnir de chocolat râpé avant de servir.

TARTELETTES AU CHOCOLAT, AU CARAMEL ET À LA FLEUR DE SEL

6 PORTIONS

- 1 recette de pâte brisée, cuite dans 6 moules à tartelettes (p. 10)
- 7 oz (200 g) de chocolat noir, râpé ou en pastilles
- 3 c. à table (45 ml) de crème à fouetter (35 %)
- 1 c. à table (15 ml) de beurre, en petits dés
- 1/2 tasse (125 ml) de crème 15 %
- 2 tasses (500 ml) de cassonade
- 2 c. à table (30 ml) de sirop de maïs
- 1 c. à thé (5 ml) d'extrait de vanille
- 1/2 c. à thé (2 ml) de fleur de sel

1. Déposer le chocolat dans un grand bol résistant à la chaleur. Dans une casserole, porter la crème 35 % à ébullition. Verser sur le chocolat et remuer à l'aide d'une spatule jusqu'à ce qu'il soit fondu et luisant. Ajouter le beurre, mélanger et laisser refroidir à température ambiante. 2. Dans une casserole, porter à ébullition la crème 15 %, la cassonade, le sirop de maïs et la vanille en remuant, et laisser caraméliser. Ajouter la moitié de la fleur de sel, baisser le feu et cuire environ 7 minutes, jusqu'à épaississement. Verser le caramel dans les fonds de tartelettes. Lisser au couteau et réfrigérer pendant 10 minutes. 3. Verser la préparation au chocolat sur le caramel. Saupoudrer du reste de la fleur de sel. Réfrigérer pendant 2 heures avant de servir.

CETTE TARTE PEUT ÊTRE FAITE LA VEILLE.
ELLE SERA AUSSI DÉLICIEUSE SI ON UTILISE
UNE CROÛTE DE PÂTE BRISÉE OU SABLÉE.

TARTE AU FUDGE ET À LA GUIMAUVE

6 PORTIONS

- 2 tasses (500 ml) de pépites de chocolat
- 1 boîte de 14 oz (398 ml) de lait concentré sucré
- 1/4 tasse (60 ml) de beurre
- 1/4 c. à thé (1 ml) d'extrait de vanille
- 1 tasse (250 ml) de guimauves
- 1 recette de croûte aux noix (p. 14)
- Quelques guimauves et bonbons pour décorer

1. Dans une casserole, en remuant sans cesse, porter à ébullition le chocolat, le lait concentré, le beurre et la vanille. Retirer du feu, ajouter les guimauves et mélanger jusqu'à ce qu'elles soient presque fondues. **2.** Verser la préparation dans la croûte et réfrigérer pendant 2 heures. Décorer de guimauves et de bonbons.

TARTE AU CHOCOLAT, À LA LIME ET AUX FLOCONS DE MAÏS

6 PORTIONS

- 3 1/2 oz (100 g) de chocolat noir, râpé ou en pastilles
- 5 oz (150 g) de chocolat au lait, râpé ou en pastilles
- 1/2 tasse (125 ml) de crème à fouetter (35 %)
- 2 c. à table (30 ml) de sirop de maïs
- 3 c. à table (45 ml) de zeste de lime
- 1 recette de pâte brisée, cuite (p. 10)
- 1 tasse (250 ml) de flocons de maïs
- 2 c. à table (30 ml) de cassonade

1. Dans un grand bol résistant à la chaleur, déposer le chocolat noir et le chocolat au lait. **2.** Dans une casserole, porter la crème et le sirop de maïs à ébullition. Verser sur le chocolat et remuer à l'aide d'une spatule jusqu'à ce que le mélange soit luisant. Incorporer 1 c. à table (15 ml) de zeste. Verser dans la croûte et réfrigérer pendant 30 minutes. **3.** Dans un bol, mélanger les flocons de maïs, le reste du zeste et la cassonade. Répartir uniformément sur la tarte et servir immédiatement.

À L'HEURE DU GOÛTER, ACCOMPAGNEZ CES
TARTELETTES D'UNE BONNE TASSE DE THÉ.

TARTELETTES DÉTENTE CHOCOLATÉE

4 PORTIONS

- 2 c. à table (30 ml) de feuilles de thé Earl Grey
- 1/2 tasse (125 ml) de crème à fouetter (35 %)
- 7 oz (200 g) de chocolat noir, râpé ou en pastilles
- 1 recette de pâte brisée, cuite dans 4 moules à tartelettes (p. 10)
- 1/2 tasse (125 ml) de fromage à la crème
- 2 c. à table (30 ml) de sucre
- 1/4 tasse (60 ml) de crème sure

1. Dans une casserole, laisser infuser les feuilles de thé dans la crème 35 % pendant 30 minutes. Porter ensuite à ébullition à feu doux et filtrer dans un tamis fin au-dessus d'un grand bol. Ajouter le chocolat, mélanger jusqu'à ce qu'il soit fondu et verser dans les fonds de tartelettes. **2.** Au robot culinaire, mélanger le fromage à la crème, le sucre et la crème sure. Laisser tomber à la cuillère au centre de la préparation au chocolat. Réfrigérer pendant 2 heures avant de servir.

44

TARTELETTES AU CHOCOLAT ET AUX BANANES

4 PORTIONS

- 2 tasses (500 ml) de crème à fouetter (35 %)
- 8 oz (225 g) de chocolat noir, haché
- 3 1/2 oz (100 g) de chocolat au lait, haché
- 1 recette de pâte sablée au chocolat, cuite dans 4 moules à tartelettes (p. 13)
- 2 c. à table (30 ml) de beurre
- 3 c. à table (45 ml) de cassonade
- 2 bananes, en tranches

1. Dans une casserole, porter la moitié de la crème à ébullition. Retirer du feu et ajouter les chocolats. Mélanger jusqu'à ce que la préparation soit lisse et luisante. **2.** Dans un bol, fouetter le reste de la crème, puis l'incorporer délicatement à la préparation au chocolat. Verser dans les fonds de tartelettes et réfrigérer pendant 40 minutes. **3.** Dans un poêlon, chauffer le beurre, y laisser fondre la cassonade et laisser caraméliser. Ajouter les bananes et remuer pour bien les enrober de caramel. Déposer les tranches une à une sur la garniture. Réfrigérer pendant 1 heure avant de servir.

TARTE AU CHOCOLAT ET À L'ORANGE

6 PORTIONS

- 1 1/4 tasse (310 ml) de confiture d'oranges
- 1 recette de pâte sablée, cuite (p. 13)
- 7 oz (200 g) de chocolat noir, haché
- 7 c. à table (105 ml) de crème à fouetter (35 %)
- 3 c. à table (45 ml) de poudre de cacao

1. Étaler la confiture au fond de la croûte et réserver. **2.** Déposer le chocolat dans un grand bol résistant à la chaleur. **3.** Dans une casserole, chauffer la crème sans laisser bouillir. Verser sur le chocolat et remuer à l'aide d'une spatule jusqu'à ce qu'il soit bien amalgamé et luisant. Verser dans la croûte et réfrigérer pendant 4 heures. **4.** Saupoudrer de cacao avant de servir.

TARTE AU CHOCOLAT ET À LA NOIX DE COCO

4 PORTIONS

- 1 recette double de pâte sablée (p. 13)
- 2 c. à table (30 ml) de beurre
- 1/4 tasse (60 ml) de sucre
- 7 oz (200 g) de chocolat noir
- 3 c. à table (45 ml) de sirop de maïs
- 1 tasse (250 ml) de noix de coco râpée
- 2 jaunes d'œufs
- 1/2 c. à thé (2 ml) d'extrait de vanille
- 1 œuf, battu dans 1 c. à thé (5 ml) d'eau

1. À l'aide du rouleau, abaisser la pâte, puis la découper en 2 cercles. Presser une abaisse dans un moule à tarte peu profond et réfrigérer pendant 30 minutes. **2.** À l'aide d'un emporte-pièce, faire 6 trous dans la deuxième abaisse (voir photo). Réfrigérer pendant 30 minutes. **3.** Dans une casserole, à feu doux, faire fondre le beurre, le sucre et le chocolat en remuant à l'aide d'un fouet. Ajouter le sirop de maïs, mélanger et cuire jusqu'au premier bouillon. Retirer aussitôt du feu et incorporer la noix de coco. **4.** Dans un bol, à l'aide d'un fouet, battre les jaunes d'œufs et la vanille pendant 3 minutes. Verser lentement la préparation au chocolat sans cesser de fouetter. Laisser reposer pendant 5 minutes. **5.** Préchauffer le four à 350 °F (180 °C). **6.** Verser la préparation au chocolat dans le moule. Couvrir avec l'autre abaisse et pincer pour bien sceller la tarte. Badigeonner le dessus d'œuf battu. **7.** Cuire au four environ 45 minutes, jusqu'à ce que la pâte soit cuite et bien dorée. Laisser refroidir à température ambiante pendant 30 minutes avant de servir.

TARTE DES ROIS AUX NOISETTES ET AU NUTELLA

8 PORTIONS

- 2 abaisses de pâte feuilletée du commerce ou de pâte semi-feuilletée (p. 12)
- 1/4 tasse (60 ml) de beurre
- 1/4 tasse (60 ml) de sucre
- 2 tasses (500 ml) de noisettes, moulues
- 2 œufs
- 3 c. à table (45 ml) de crème fraîche
- 1/4 tasse (60 ml) de pâte à tartiner aux noisettes (Nutella)
- 1 œuf, battu dans 1 c. à thé (5 ml) d'eau

1. Sur une plaque à pâtisserie couverte de papier-parchemin, déposer une abaisse. Piquer le fond à la fourchette et réfrigérer pendant 15 minutes. **2.** Au robot culinaire, mélanger le beurre et le sucre. Ajouter les noisettes et mélanger pendant 1 minute. Ajouter les œufs et la crème, puis mélanger 1 minute de plus. **3.** Étaler la pâte à tartiner aux noisettes sur la pâte. Verser la préparation aux noisettes et couvrir avec la deuxième abaisse. Presser doucement les bords pour bien sceller et badigeonner d'œuf battu. Réfrigérer pendant 30 minutes. **4.** Préchauffer le four à 400 °F (200 °C). **5.** Cuire au four environ 45 minutes, jusqu'à ce que la pâte soit gonflée et bien dorée. Laisser refroidir à température ambiante pendant 15 minutes avant de servir.

TARTE TRADITIONNELLE MERINGUÉE AU CITRON

6 PORTIONS

- 1 abaisse de pâte brisée (p. 10)
- 1 tasse (250 ml) de sucre
- 2/3 tasse (160 ml) de farine
- 1/4 tasse (60 ml) de fécule de maïs
- 1/4 tasse (60 ml) de zeste de citron
- 1 pincée de sel
- 1 1/2 tasse (375 ml) d'eau
- 6 jaunes d'œufs
- 3/4 tasse (180 ml) de jus de citron
- 2 c. à table (30 ml) de beurre froid, en petits dés

Meringue :

- 6 blancs d'œufs
- 1/2 c. à thé (2 ml) de vanille en poudre
- 1/2 c. à thé (2 ml) de crème de tartre
- 1 pincée de sel
- 1/4 tasse (60 ml) de sucre

1. Préchauffer le four à 350 °F (180 °C). 2. Presser l'abaisse dans un moule à tarte à fond amovible et couper l'excédent. Couvrir de papier-parchemin et ajouter des haricots secs pour l'empêcher de gonfler. Cuire au four environ 20 minutes, jusqu'à ce que la croûte soit dorée. Laisser refroidir à température ambiante pendant 30 minutes. 3. Au bain-marie, mélanger le sucre, la farine, la fécule de maïs, le zeste, le sel et l'eau. Fouetter environ 10 minutes, jusqu'à ce que la préparation soit épaisse et translucide. Retirer du feu. Incorporer les jaunes d'œufs un à un en fouettant après chaque addition. Remettre au bain-marie et cuire en fouettant pendant 6 minutes. Retirer du feu. Ajouter le jus de citron et le beurre en fouettant vigoureusement. Laisser refroidir complètement. 4. Préchauffer le four à 400 °F (200 °C). 5. Meringue : Dans un bol, battre les blancs d'œufs jusqu'à ce qu'ils soient mousseux. Ajouter la vanille, la crème de tartre et le sel. Fouetter jusqu'à ce que le mélange monte légèrement. Ajouter le sucre et continuer de fouetter jusqu'à formation de pics très fermes. 6. Verser la préparation au citron dans le moule et couvrir de meringue. Cuire au four environ 10 minutes, jusqu'à ce que le dessus soit bien doré. Laisser refroidir complètement à température ambiante avant de servir.

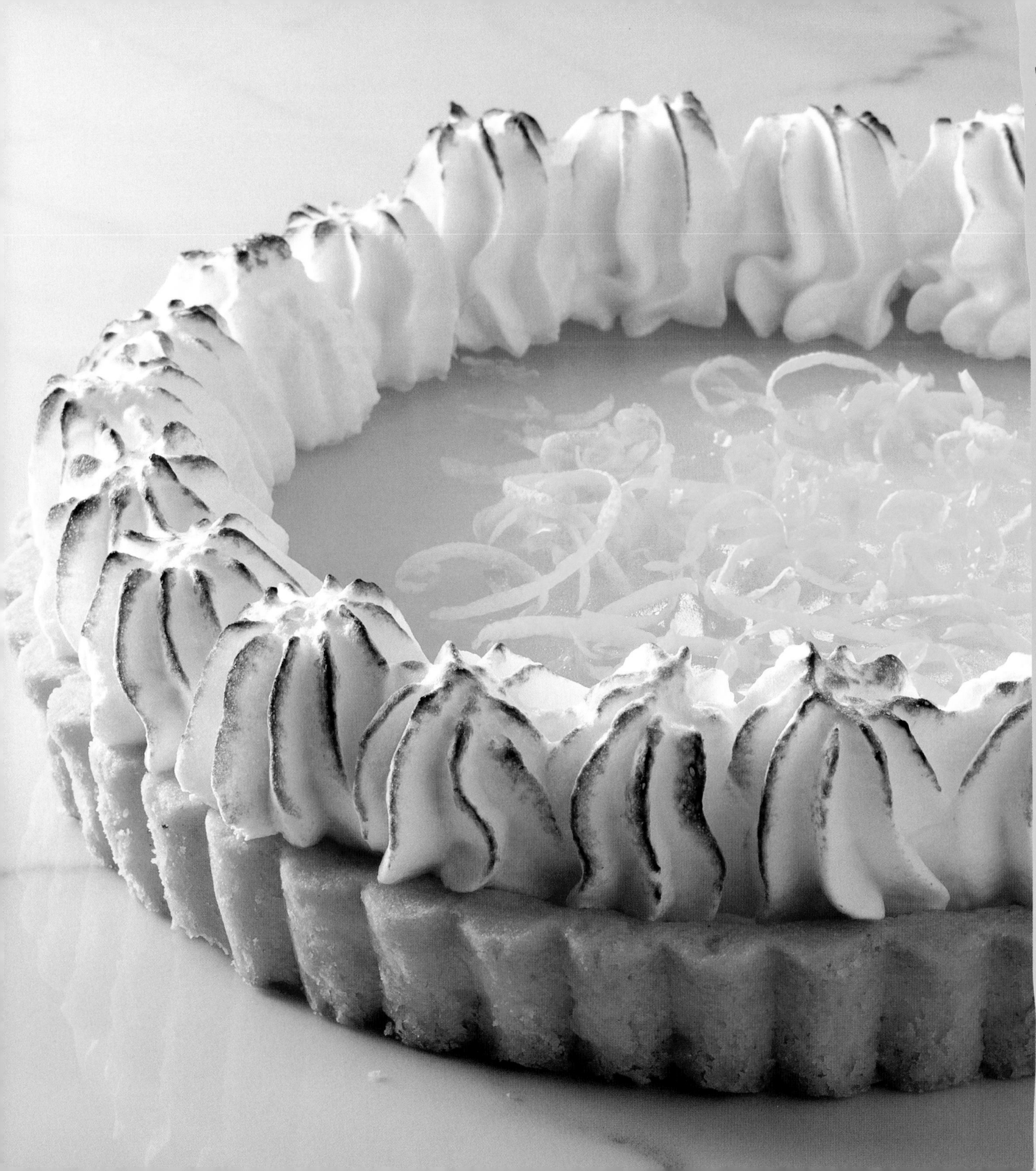

TARTELETTES AU CITRON ET AU CHOCOLAT NOIR

4 PORTIONS

- 1 recette de pâte sablée, découpée en 4 cercles (pour moules à tartelettes) (p. 13)
- 1 tasse (250 ml) de jus de citron
- 1/4 tasse (60 ml) de sucre
- 3 c. à table (45 ml) de crème fraîche
- 4 œufs
- 1 c. à table (15 ml) de zeste de citron, râpé finement
- 3 1/2 oz (100 g) de pastilles de chocolat noir
- 3 1/2 oz (100 g) de chocolat, râpé
- 1 c. à table (15 ml) de miel

LE CHOCOLAT NOIR AJOUTE UNE ÉLÉGANTE TOUCHE MODERNE À CE GRAND CLASSIQUE.

1. Presser la pâte dans 4 moules à tartelettes et réfrigérer pendant 30 minutes. **2.** Préchauffer le four à 375 °F (190 °C). **3.** Dans un bol, fouetter le jus de citron, le sucre et la crème. Ajouter les œufs un à un en fouettant après chaque addition. Incorporer le zeste. **4.** Répartir les pastilles de chocolat dans les moules, puis couvrir de la préparation au citron. Cuire au four environ 30 minutes, jusqu'à ce que la préparation soit ferme. Laisser refroidir complètement à température ambiante. **5.** Faire fondre le chocolat râpé au micro-ondes. Ajouter le miel et mélanger. Verser sur les tartelettes refroidies en dessinant des quadrillés. Servir immédiatement.

LA BASE MERINGUÉE PEUT ÊTRE PRÉPARÉE 48 HEURES À L'AVANCE. COUVRIR DE PAPIER-PARCHEMIN ET RÉSERVER À TEMPÉRATURE AMBIANTE.

TARTE AU CITRON ET AU TOFU

4 PORTIONS

- 6 blancs d'œufs
- 7 c. à table (105 ml) de zeste de citron, râpé finement
- 6 c. à table (90 ml) de sucre glace
- 1 lb (500 g) de tofu soyeux
- 2 c. à table (30 ml) de zeste de lime
- 2 c. à table (30 ml) de sucre
- 1 citron, en fines tranches
- 1 kiwi, en tranches
- 4 fraises, en fines tranches

1. Préchauffer le four à 150 ou 200 °F (65 ou 95 °C). **2.** Dans un bol, fouetter les blancs d'œufs, 4 c. à table (60 ml) de zeste de citron et le sucre glace jusqu'à formation de pics fermes. Sur une plaque à pâtisserie, former un cercle de meringue épais. Cuire au four de 6 à 8 heures. Ouvrir la porte du four et laisser sécher pendant 1 heure. Réserver à température ambiante. **3.** Dans un bol, mélanger le tofu, le reste du zeste de citron et le zeste de lime. Réfrigérer. **4.** Dans un poêlon, faire fondre le sucre. Ajouter les tranches de citron et laisser confire à feu doux pendant 30 minutes. Réserver hors du feu. **5.** Verser la préparation au tofu sur la meringue. Garnir de citron confit, de kiwi et de fraises. Servir immédiatement.

TARTELETTES À LA LIME ET À LA CRÈME

4 PORTIONS

- 1 recette double de croûte aux biscuits Graham (p. 15)
- 1 tasse (250 ml) de jus de lime frais
- 1/2 tasse (125 ml) de sucre
- 1 tasse (250 ml) de crème à fouetter (35 %)
- 1/4 tasse (60 ml) de zeste de lime, râpé finement
- 2 jaunes d'œufs
- 2 œufs entiers

Meringue :

- 3/4 tasse (180 ml) de sucre
- 2 c. à table + 1 c. à thé (35 ml) d'eau
- 2 blancs d'œufs

1. Presser la préparation dans 4 moules à tartelettes et réfrigérer pendant 1 heure. **2.** Préchauffer le four à 350 °F (180 °C). **3.** Dans un bol, à l'aide d'un fouet, mélanger le jus de lime, le sucre et la crème pendant 2 minutes. Incorporer le zeste. Ajouter les jaunes d'œufs en fouettant. Incorporer ensuite les œufs entiers. Verser dans les moules et cuire au four environ 35 minutes, jusqu'à ce que la garniture soit ferme. Laisser refroidir complètement à température ambiante. **4. Meringue :** Dans une casserole, faire fondre le sucre dans l'eau. Porter à ébullition et cuire pendant 2 minutes. Dans un bol, au batteur électrique, battre les blancs d'œufs en neige. Verser le sirop de sucre sans cesser de battre et continuer de fouetter jusqu'à refroidissement complet. **5.** Garnir les tartelettes d'un peu de meringue et servir immédiatement.

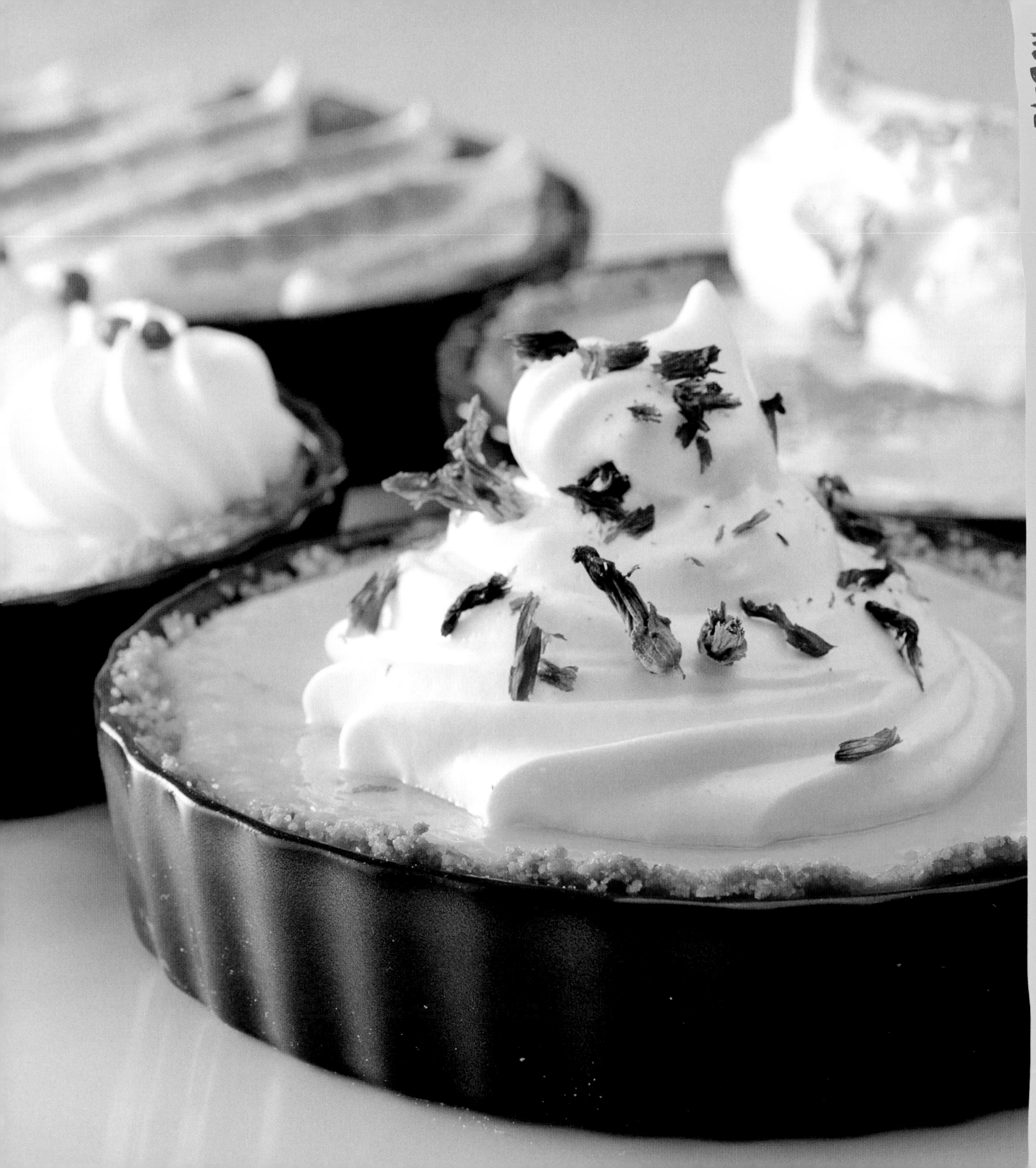

TARTELETTES AU CITRON ET AU YOGOURT

4 PORTIONS

- 1 tasse (250 ml) de lait concentré sucré
- 3/4 tasse (180 ml) de yogourt nature
- 2 c. à table (30 ml) de jus de citron
- 3 c. à table (45 ml) de zeste de citron
- 1/2 c. à thé (2 ml) d'extrait de vanille
- 1 recette de pâte brisée, cuite dans 4 moules à tartelettes (p. 10)
- 4 c. à table (60 ml) de yogourt à la vanille

1. Dans un bol, à l'aide d'un fouet, bien mélanger le lait concentré, le yogourt nature, le jus de citron, le zeste et la vanille. Verser dans les croûtes et réfrigérer pendant 4 heures. **2.** Garnir de cuillerées de yogourt à la vanille et servir immédiatement.

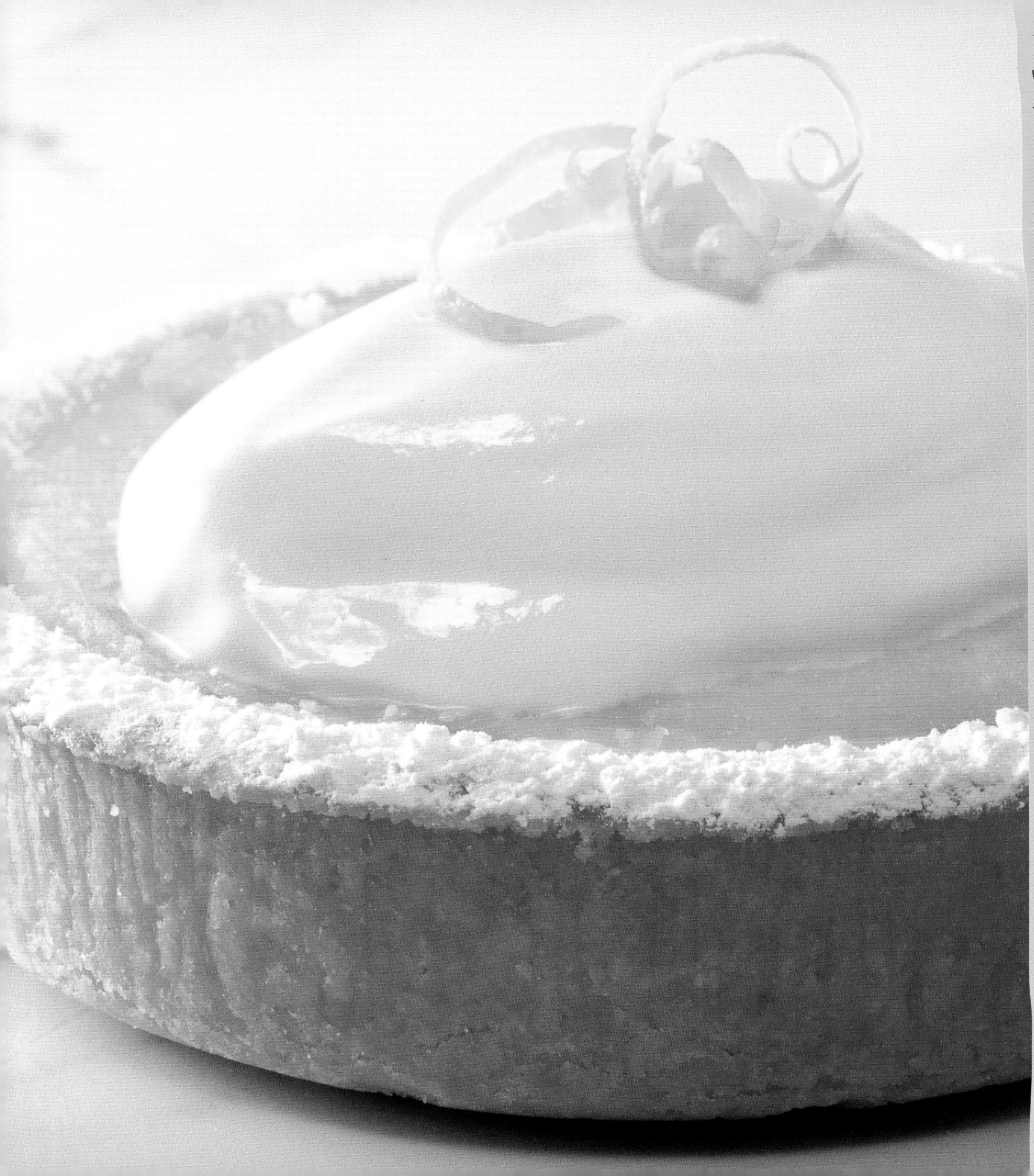

TARTE AU CITRON À LA MODE SHAKER

6 PORTIONS

- 4 gros citrons à peau fine
- 2 1/4 tasses (560 ml) de sucre
- 1/4 c. à thé (1 ml) de sel
- 1 recette double de pâte brisée (p. 10)
- 5 œufs
- 3 c. à table (45 ml) de farine
- 2 c. à table (30 ml) de beurre, fondu
- 1 c. à table (15 ml) de lait

1. À l'aide d'une mandoline, trancher les citrons très finement. Retirer les pépins et déposer les tranches dans un grand bol. Ajouter le sucre et le sel. Mélanger, couvrir et laisser reposer à température ambiante pendant au moins 12 heures. 2. Préchauffer le four à 425 °F (220 °C). 3. À l'aide du rouleau, abaisser la pâte, puis la découper en 2 cercles. Presser une abaisse dans un moule à tarte. 4. Dans un bol, battre les œufs pendant 3 minutes. Ajouter la farine et le beurre, puis bien amalgamer. Verser sur les tranches de citron, bien mélanger et étaler au fond du moule. Couvrir avec l'autre abaisse et presser doucement les bords pour bien sceller la tarte. Faire 4 incisions sur le dessus de la tarte et badigeonner de lait. 5. Cuire au four pendant 25 minutes. Réduire la température à 350 °F (180 °C) sans ouvrir la porte du four. Cuire environ 30 minutes, jusqu'à ce que la croûte soit bien dorée. Laisser reposer à température ambiante pendant 20 minutes avant de servir.

TARTE AUX FRAISES ET À LA RHUBARBE TRADITIONNELLE

6 PORTIONS

- 1 recette double de pâte brisée (p. 10)
- 3/4 tasse (180 ml) de farine
- 1 1/2 tasse (375 ml) de sucre
- 8 tasses (2 litres) de rhubarbe, en tronçons
- 2 1/2 tasses (625 ml) de fraises fraîches, coupées en deux
- 2 c. à table (30 ml) de beurre froid, en petits dés
- 1 œuf, battu dans 1 c. à thé (5 ml) d'eau

1. À l'aide du rouleau, abaisser la pâte en 2 cercles. Presser une abaisse dans un moule à tarte et réfrigérer pendant 30 minutes. **2.** Préchauffer le four à 375 °F (190 °C). **3.** Dans un bol, mélanger la farine et le sucre, puis en étaler le tiers dans le moule. Déposer la rhubarbe dans le bol, mélanger et répartir dans le moule. Ajouter les fraises et le beurre. **4.** À l'aide d'un emporte-pièce, percer quelques trous dans la deuxième abaisse (voir photo). Déposer l'abaisse sur les fruits et badigeonner le dessus d'œuf battu. **5.** Cuire au four pendant 15 minutes. Baisser la température à 350 °F (180 °C) et cuire environ 35 minutes, jusqu'à ce que la pâte soit bien dorée. Laisser refroidir à température ambiante pendant 15 minutes avant de servir.

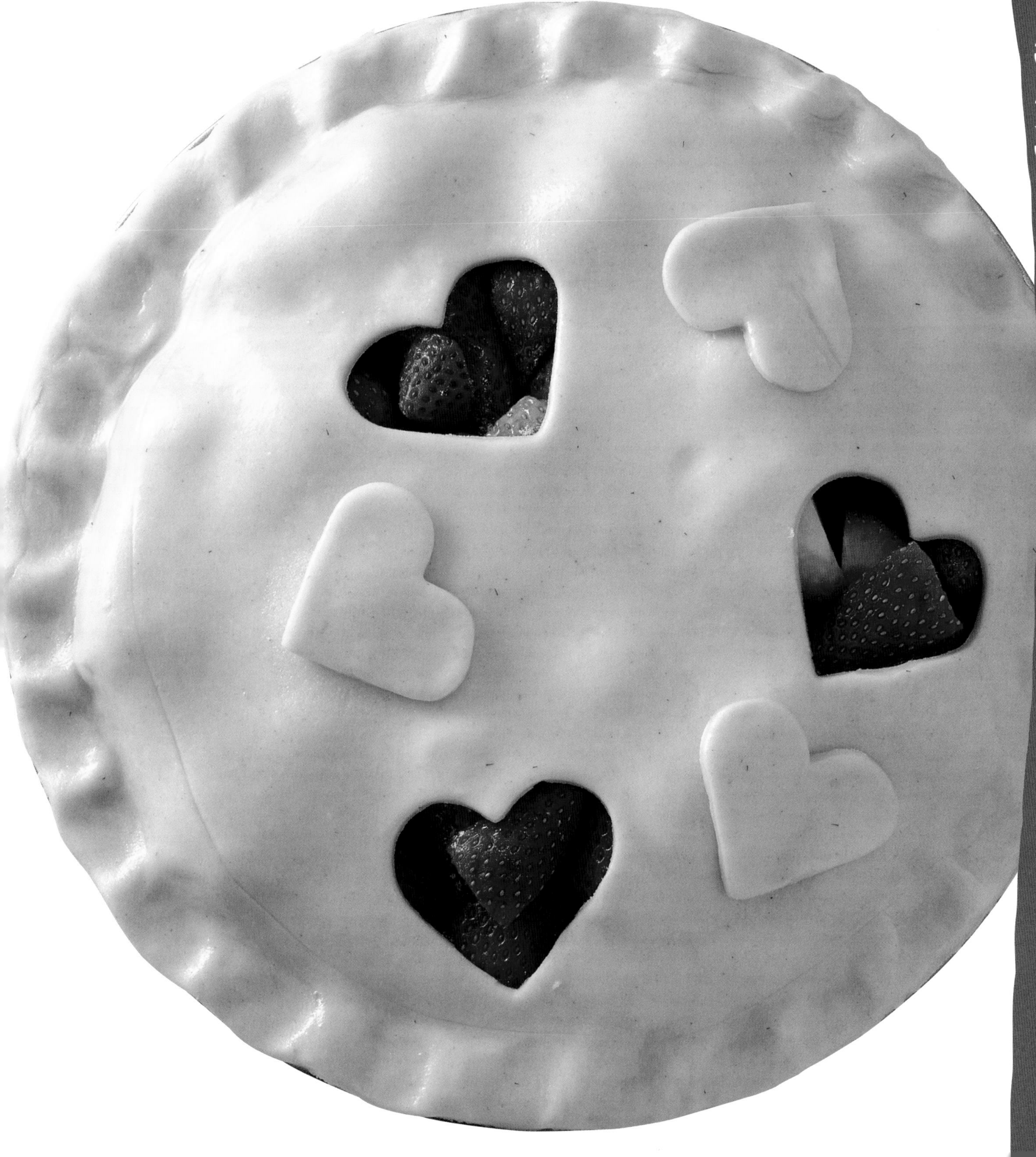

TARTE À LA RHUBARBE, À L'ORANGE ET AU CARI

6 PORTIONS

- 8 oz (225 g) de fromage mascarpone
- 1/4 tasse (60 ml) de crème sure
- 2 c. à table (30 ml) de zeste d'orange
- 1 recette de croûte aux petits-beurre (p. 15)
- 8 tasses (2 litres) de rhubarbe, hachée
- 2 1/4 tasses (560 ml) de sucre
- 1/2 tasse (125 ml) de jus d'orange
- 1 c. à thé (5 ml) de poudre de cari (facultatif)

1. Au robot culinaire, mélanger le mascarpone, la crème sure et le zeste. Verser dans la croûte et réfrigérer pendant 1 heure. **2.** Dans une casserole, à feu doux, cuire la rhubarbe dans le sucre et le jus d'orange pendant 30 minutes. Réduire en purée à l'aide d'un mélangeur à main ou du robot. Ajouter le cari et mélanger. Réfrigérer pendant 30 minutes. **3.** Verser la préparation à la rhubarbe dans le moule. Servir immédiatement, ou couvrir et réfrigérer jusqu'au moment du service.

TARTE À LA RHUBARBE MERINGUÉE

6 PORTIONS

- 5 tasses (1,25 litre) de rhubarbe, pelée et coupée en dés
- 3 pommes, pelées et coupées en dés
- 1 1/2 tasse (375 ml) de sucre
- 1/2 tasse (125 ml) d'eau
- 2 c. à table (30 ml) de fécule de maïs
- 1/4 c. à thé (1 ml) d'extrait de vanille
- Quelques pelures de rhubarbe (facultatif)
- 3 blancs d'œufs
- 2 c. à table (30 ml) de sucre glace
- 1 recette de pâte brisée, cuite (p. 10)

1. Dans une casserole, à feu doux, laisser compoter la rhubarbe et les pommes avec le sucre, l'eau, la fécule de maïs et la vanille pendant 40 minutes en remuant de temps à autre. Retirer du feu et laisser refroidir. **2.** Entre-temps, préchauffer le four à 200 °F (95 °C). Enrouler des pelures de rhubarbe autour d'un tube métallique résistant à la chaleur et les cuire au four pendant 45 minutes. Retirer le tube et réserver les boudins de rhubarbe. **3.** Au batteur électrique, monter les blancs d'œufs en neige. Ajouter le sucre glace et fouetter jusqu'à formation de pics fermes. **4.** Étaler la préparation à la rhubarbe dans la croûte. Couvrir de grosses cuillerées de meringue. Griller légèrement la meringue au chalumeau ou passer environ 3 minutes sous le gril du four préchauffé pour faire dorer légèrement le dessus. **5.** Garnir de boudins de rhubarbe. Servir immédiatement ou réfrigérer jusqu'au moment de servir.

TATIN AUX POMMES INRATABLE

4 PORTIONS

- 1 recette de pâte brisée (p. 10)
- 1 c. à thé (5 ml) de massalé doux (facultatif)
- 1 tasse (250 ml) de beurre
- 1 tasse (250 ml) de sucre
- 4 pommes Granny Smith, pelées et coupées en deux

1. Préchauffer le four à 400 °F (200 °C). **2.** À l'aide du rouleau, abaisser la pâte en forme de cercle. Presser l'abaisse dans un moule à tarte et cuire au four environ 30 minutes, jusqu'à ce qu'elle soit dorée. Laisser refroidir à température ambiante pendant 20 minutes. Saupoudrer le fond de massalé, si désiré. **3.** Dans une poêle en fonte, chauffer le beurre. Ajouter le sucre, laisser fondre 1 minute. Retirer du feu. **4.** Ajouter les pommes, côté plat vers le fond. Remettre sur le feu et cuire, en retournant les pommes plusieurs fois, jusqu'à ce que le caramel soit ambré. Retirer du feu. **5.** Disposer les pommes sur la pâte cuite, côté plat vers le fond. Napper de caramel et servir immédiatement.

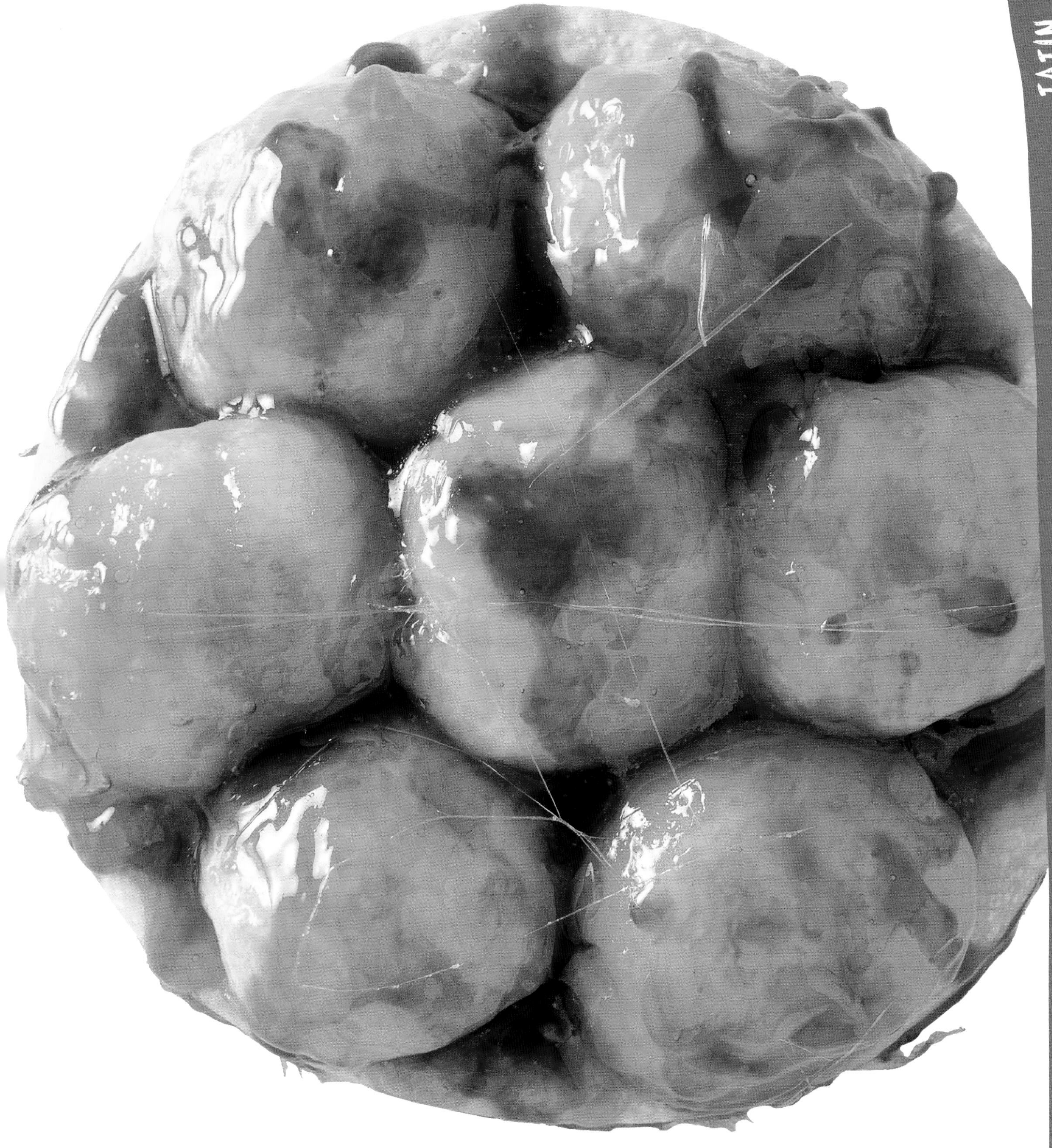

TATIN AUX POIRES ET À LA VANILLE

6 PORTIONS

- 3 c. à table (45 ml) de beurre
- 2/3 tasse (160 ml) de sucre
- 1 gousse de vanille
- 8 poires fermes, pelées et coupées en deux
- 1 abaisse de pâte feuilletée du commerce ou de pâte semi-feuilletée (p. 12)

1. Préchauffer le four à 400 °F (200 °C). **2.** Dans un poêlon, à feu moyen, chauffer le beurre, puis ajouter le sucre. Laisser fondre et caraméliser légèrement. Verser dans un moule à tarte. **3.** À l'aide d'un petit couteau, ouvrir la gousse de vanille et retirer les graines. Déposer les graines dans le caramel. Ranger les demi-poires dans le caramel, face coupée vers le haut. **4.** Couvrir avec l'abaisse en poussant les bords vers l'intérieur. Cuire au four environ 35 minutes, jusqu'à ce que la pâte soit cuite et dorée. Laisser refroidir à température ambiante pendant 10 minutes avant de retourner la tarte dans une assiette de service.

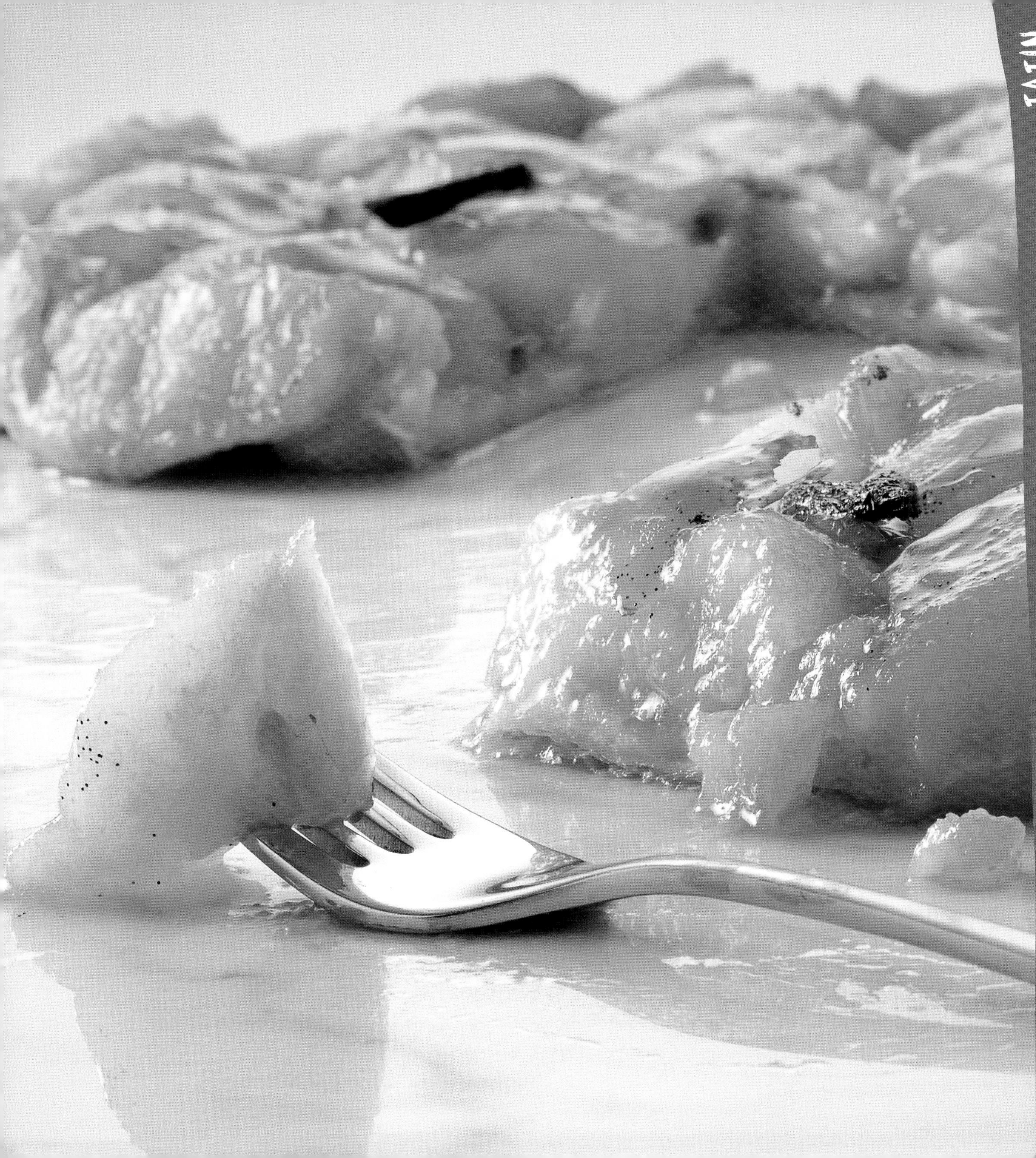

TATIN À LA MANGUE

4 PORTIONS

- 1 c. à table (15 ml) de beurre
- 1 tasse (250 ml) de sucre
- 2 petites mangues bien mûres, pelées et coupées en tranches
- 2 c. à table (30 ml) de zeste de lime
- 1 abaisse de pâte feuilletée du commerce ou de pâte semi-feuilletée (p. 12)
- 2 c. à thé (10 ml) de poivre de Sichuan moulu

1. Préchauffer le four à 400 °F (200 °C). **2.** Dans un poêlon, à feu doux, faire fondre le beurre et le sucre. Cuire jusqu'à l'obtention d'un caramel clair et retirer aussitôt du feu. **3.** Déposer les mangues dans le caramel et les retourner délicatement pour bien les enrober. Étendre les mangues et le caramel dans un moule à tarte et parsemer de zeste. Couvrir de pâte feuilletée en poussant les bords vers l'intérieur. **4.** Cuire au four environ 25 minutes, jusqu'à ce que la pâte soit dorée. Laisser refroidir à température ambiante pendant 5 minutes avant de retourner la tarte dans une assiette de service. Saupoudrer de poivre de Sichuan.

TATINETTES À L'ABRICOT

4 PORTIONS

- 4 abricots, coupés en deux
- 1 c. à table (15 ml) de liqueur d'orange
- 1 bouquet de basilic thaï
- 2 abaisses de pâte feuilletée du commerce ou de pâte semi-feuilletée (p. 12)
- 4 c. à thé (20 ml) de beurre
- 1/4 tasse (60 ml) de sucre
- 1/4 c. à thé (1 ml) de gingembre moulu

1. Dans un bol, mélanger les abricots et la liqueur d'orange. Ajouter quelques feuilles entières de basilic. Couvrir et laisser macérer pendant 45 minutes. **2.** Préchauffer le four à 400 °F (200 °C). **3.** Détailler la pâte en 4 cercles un peu plus grands que le diamètre de ramequins individuels. **4.** Dans un poêlon, à feu doux, faire fondre le beurre. Ajouter le sucre et le gingembre et laisser caraméliser. **5.** Égoutter les abricots et retirer les feuilles de basilic. Verser le caramel dans les ramequins. Y déposer les abricots et les arroser de quelques gouttes de leur jus de macération. **6.** Couvrir chaque ramequin avec un cercle de pâte feuilletée en poussant les bords vers l'intérieur. **7.** Cuire au four environ 20 minutes, jusqu'à ce que la pâte soit dorée. Laisser refroidir à température ambiante pendant 5 minutes avant de retourner les tatinettes dans des assiettes individuelles. Garnir de feuilles de basilic thaï et servir tiède.

TATIN AUX BANANES ET À L'ÉRABLE

4 PORTIONS

- 1 abaisse de pâte feuilletée du commerce ou de pâte semi-feuilletée (p. 12)
- 4 bananes
- 2 c. à table (30 ml) de beurre
- 3 c. à table (45 ml) de sucre
- 1 c. à table (15 ml) de rhum brun
- 2 c. à table (30 ml) de sirop d'érable
- 1 c. à thé (5 ml) de canneberges séchées
- 1/4 c. à thé (1 ml) de fleur de sel

1. Préchauffer le four à 400 °F (200 °C). **2.** À l'aide du rouleau, abaisser la pâte en forme de cercle. Couper les bananes en tranches épaisses. **3.** Dans un poêlon, chauffer le beurre, ajouter le sucre et laisser caraméliser. Lorsque le mélange est bien doré, ajouter le rhum et le sirop d'érable. Mélanger et verser dans un moule à tarte. **4.** Disposer les bananes et les canneberges sur le caramel. Saupoudrer de fleur de sel. Couvrir avec l'abaisse en poussant les bords vers l'intérieur. **5.** Cuire au four pendant 20 minutes, jusqu'à ce que la pâte soit dorée. Retourner la tatin dans une assiette et servir immédiatement.

TARTE AUX FRAMBOISES FRAÎCHES

4 PORTIONS

- 1 tasse (250 ml) de confiture de framboises
- 1 recette de pâte brisée, cuite (p. 10)
- 1 recette de crème pâtissière (p. 16)
- 3 tasses (750 ml) de framboises fraîches

1. Étaler la confiture sur le fond de tarte. **2.** Couvrir de crème pâtissière et réfrigérer pendant 2 heures. **3.** Garnir de framboises et servir immédiatement.

FRAMBOISE

TARTE AUX FRAMBOISES DE GRAND-MÈRE

8 PORTIONS

- 1 abaisse de pâte brisée (p. 10)
- 4 œufs
- 1/2 tasse (125 ml) de sucre
- 3/4 c. à thé (4 ml) d'extrait de vanille
- 1 pincée de sel
- 1 tasse (250 ml) de farine
- 1/2 tasse (125 ml) de beurre, fondu
- 1 c. à table (15 ml) de zeste d'orange, râpé finement
- 3 tasses (750 ml) de framboises
- 2 c. à table (30 ml) de sucre glace

1. Presser l'abaisse dans un moule à tarte et réfrigérer pendant 30 minutes. **2.** Préchauffer le four à 350 °F (180 °C). **3.** Couvrir la pâte de papier-parchemin, puis ajouter des haricots secs pour l'empêcher de gonfler. Cuire au four environ 15 minutes, jusqu'à ce qu'elle soit très légèrement dorée. Laisser refroidir complètement à température ambiante. **4.** Dans un bol, fouetter les œufs avec le sucre, la vanille et le sel jusqu'à ce que le mélange soit pâle et épais. Incorporer la moitié de la farine, puis la moitié du beurre. Continuer avec le reste de la farine et le reste du beurre. Ajouter le zeste et verser dans la croûte. **5.** Couvrir avec la moitié des framboises. Cuire au four environ 20 minutes, jusqu'à ce que le dessus de la tarte soit doré. Laisser refroidir sur une grille. **6.** Garnir avec le reste des framboises et saupoudrer de sucre glace. Servir immédiatement.

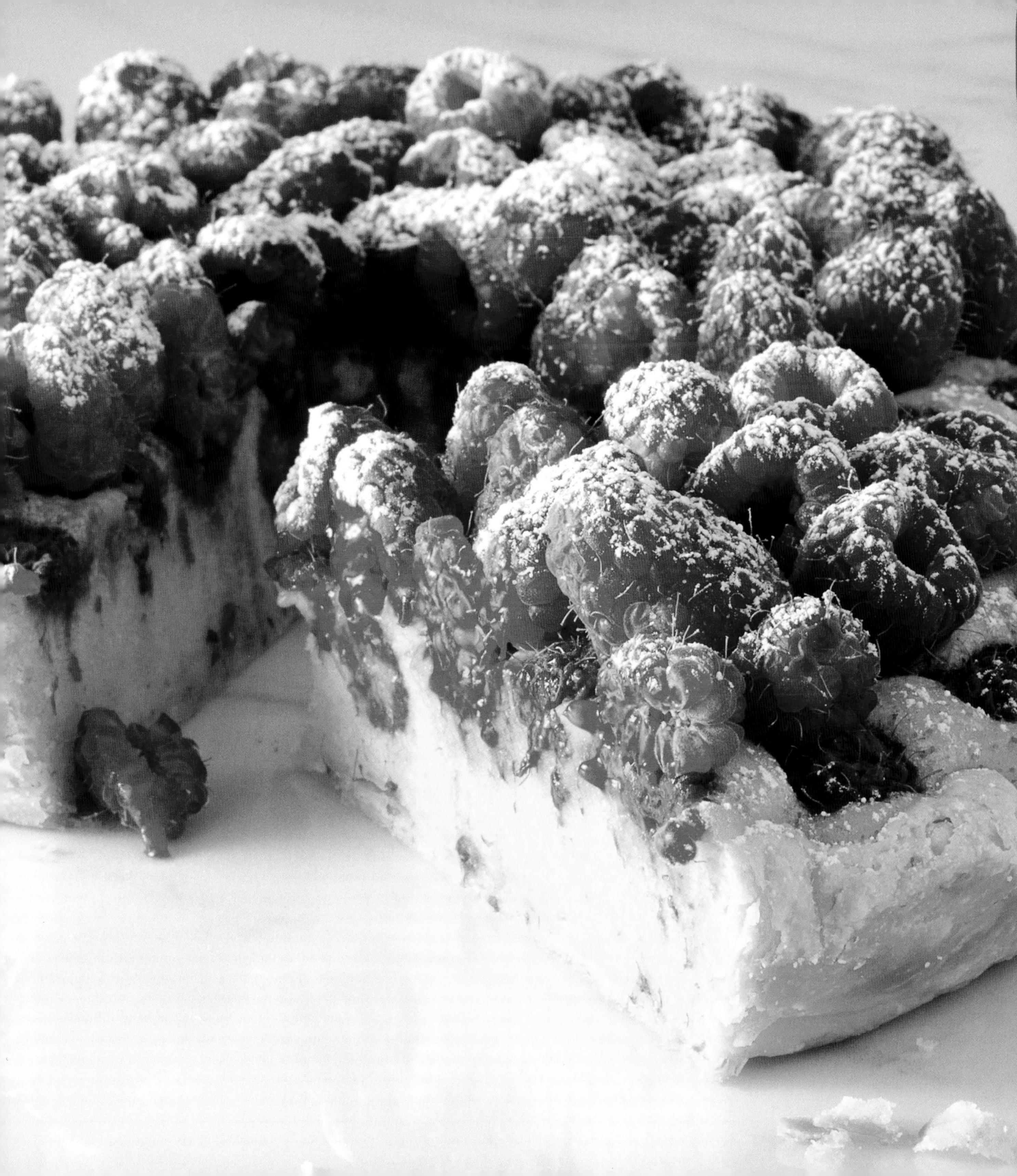

TARTE AUX FRAMBOISES

8 PORTIONS

- 1 recette double de pâte brisée (p. 10)
- 1/4 tasse (60 ml) de confiture de framboises
- 2 tasses (500 ml) de framboises fraîches ou surgelées*
- 1 c. à table (15 ml) de cassonade
- 1 c. à thé (5 ml) de grains d'anis vert
- 1 c. à table (15 ml) de beurre, en petits dés

1. Préchauffer le four à 375 °F (190 °C). **2.** Presser une abaisse dans un moule rectangulaire à fond amovible. Couvrir de confiture. Ajouter les framboises, la cassonade, l'anis et le beurre. **3.** À l'aide d'un emporte-pièce, faire des trous dans la deuxième abaisse (voir photo), puis la déposer sur les framboises. Presser les bords de la pâte pour bien sceller la tarte. **4.** Cuire au four environ 40 minutes, jusqu'à ce que la pâte soit bien dorée et que la garniture soit bouillonnante. Laisser refroidir à température ambiante pendant 15 minutes avant de démouler et de servir.

* Si vous utilisez des framboises surgelées, laissez-les égoutter dans une passoire et mélangez-les avec 2 c. à table (30 ml) de fécule de maïs avant utilisation.

FRAMBOISE

TARTE AUX FRAMBOISES ET AU RIZ CROUSTILLANT

8 PORTIONS

- 3 1/2 oz (100 g) de chocolat au lait
- 1 c. à table (15 ml) de sirop de maïs
- 3 tasses (750 ml) de céréales de riz croustillant

Mousse aux framboises :

- 3 feuilles de gélatine
- 3 tasses (750 ml) de framboises fraîches ou surgelées
- 1/2 tasse (125 ml) de sucre
- 1/2 tasse (125 ml) de crème à fouetter (35 %)
- 1 tasse (250 ml) de sucre glace
- 3 blancs d'œufs
- Framboises fraîches, au goût

1. Dans une casserole, faire fondre le chocolat avec le sirop de maïs. Retirer du feu. Ajouter les céréales et mélanger. Verser dans un moule rond et réfrigérer. **2. Mousse aux framboises :** Faire ramollir la gélatine dans un bol d'eau. Au robot culinaire, réduire les framboises en purée, puis les verser dans une casserole avec le sucre. Porter à ébullition à feu doux en remuant sans cesse. Retirer du feu et ajouter la gélatine égouttée. Laisser refroidir. **3.** Fouetter la crème avec la moitié du sucre glace jusqu'à formation de pics fermes. Ajouter la purée de framboises et mélanger. Fouetter les blancs d'œufs en neige. Ajouter le reste du sucre glace et fouetter en pics fermes. Incorporer délicatement à la préparation aux framboises en soulevant la masse. **4.** Étaler la mousse aux framboises sur la croûte refroidie. Réfrigérer pendant 3 heures. Garnir de framboises fraîches et servir.

TARTE AUX ABRICOTS TRADITIONNELLE

4 PORTIONS

- 1 recette de crème pâtissière (p. 16)
- 1 recette de pâte sablée, cuite (p. 13)
- 10 abricots frais ou au sirop, coupés en deux
- 3 c. à table (45 ml) de confiture d'abricots
- 1 c. à table (15 ml) de sucre glace (facultatif)

1. Étaler la crème pâtissière sur la croûte et réfrigérer pendant 1 heure. 2. Couvrir d'abricots. 3. Dans une petite casserole, à feu très doux, chauffer la confiture d'abricots. Passer au tamis. Badigeonner les abricots du liquide recueilli. Réfrigérer pendant 1 heure. 4. Saupoudrer de sucre glace avant de servir.

ABRICOT

TARTE AUX ABRICOTS ET À LA CRÈME DE MASCARPONE

8 PORTIONS

- 16 abricots séchés, en dés
- 8 abricots frais, coupés en tranches
- 1/2 tasse (125 ml) d'eau
- 1/2 tasse (125 ml) de sucre
- 1 recette de pâte sablée (p. 13)
- 2 œufs
- 1 c. à table (15 ml) de préparation pour crème anglaise du commerce
- 4 oz (125 g) de fromage mascarpone
- 2 c. à table (30 ml) de sucre glace
- 1/4 tasse (60 ml) de crème à fouetter (35 %)

1. Dans une casserole, en remuant sans cesse, porter à ébullition les abricots séchés, la moitié des abricots frais, l'eau et le sucre. Baisser le feu et laisser compoter pendant 8 minutes. Retirer du feu et laisser refroidir. 2. Préchauffer le four à 350 °F (180 °C). 3. Presser la pâte dans un moule à tarte rond ou rectangulaire. Piquer le fond à la fourchette et réfrigérer pendant 30 minutes. 4. À l'aide du batteur électrique, fouetter les œufs à vitesse moyenne jusqu'à ce qu'ils soient mousseux et pâles. Ajouter la crème anglaise en poudre, le mascarpone, le sucre glace et la crème en fouettant à haute vitesse. 5. Étaler la préparation aux abricots sur la pâte. Garnir de cuillerées de préparation au mascarpone. 6. Cuire au four environ 30 minutes. Laisser refroidir à température ambiante pendant 30 minutes en décorant du reste des abricots frais tranchés.

TARTE AUX ABRICOTS, AUX MÛRES ET AU CHOCOLAT BLANC

4 PORTIONS

- 7 oz (200 g) de chocolat blanc, râpé
- 1/2 tasse (125 ml) de crème à fouetter (35 %)
- 1/4 tasse (60 ml) de beurre, en petits dés
- 1 recette de croûte aux noix, cuite (p. 14)
- 12 demi-abricots au sirop
- 12 mûres

1. Déposer le chocolat dans un bol résistant à la chaleur. Dans une casserole, chauffer la crème, puis verser sur le chocolat. Mélanger jusqu'à ce que le chocolat soit complètement fondu. Ajouter le beurre et mélanger. Verser dans la croûte et réfrigérer pendant 2 heures. 2. Garnir d'abricots et de mûres. Servir immédiatement ou réfrigérer.

86

QUELQUES BEAUX ABRICOTS FRAIS ET CE DESSERT DEVIENT EXTRAORDINAIRE.

TARTE FINE AUX ABRICOTS

4 PORTIONS

- 1 abaisse de pâte feuilletée du commerce ou de pâte semi-feuilletée (p. 12)
- 8 abricots, dénoyautés et coupés en tranches
- 1/4 tasse (60 ml) de sucre
- 1 c. à table (15 ml) de beurre, en petits dés

1. Préchauffer le four à 400 °F (200 °C). **2.** Déposer l'abaisse sur une plaque à pâtisserie couverte de papier-parchemin et faire un petit rebord tout autour. Couvrir d'abricots en les faisant se chevaucher. Saupoudrer de sucre et parsemer de dés de beurre. **3.** Cuire au four environ 20 minutes, jusqu'à ce que la pâte soit dorée et que les abricots soient caramélisés. Servir chaud ou tiède, nature ou accompagné de crème glacée.

CES TARTELETTES GAGNENT À ÊTRE SERVIES AVEC DE LA CRÈME FRAÎCHE OU DE LA CRÈME GLACÉE.

TARTELETTES AUX ABRICOTS ET AUX GRAINES DE PAVOT

6 PORTIONS

- 2 abaisses de pâte feuilletée du commerce ou de pâte semi-feuilletée (p. 12)
- 6 c. à table (90 ml) de crème fraîche
- 6 abricots frais, coupés en deux
- 6 c. à table (90 ml) de cassonade
- 1 c. à table (15 ml) de graines de pavot

1. Préchauffer le four à 400 °F (200 °C). 2. Presser la pâte dans 6 moules individuels hauts (p. ex.: moules à muffins). Verser 1 c. à table (15 ml) de crème fraîche et déposer 2 moitiés d'abricot dans chacun des moules. Saupoudrer chaque tartelette de 1 c. à table (15 ml) de cassonade et y répartir les graines de pavot. 3. Cuire au four environ 25 minutes, jusqu'à ce que la pâte soit cuite et que les abricots soient légèrement dorés. Laisser refroidir à température ambiante pendant 10 minutes avant de démouler. Servir immédiatement.

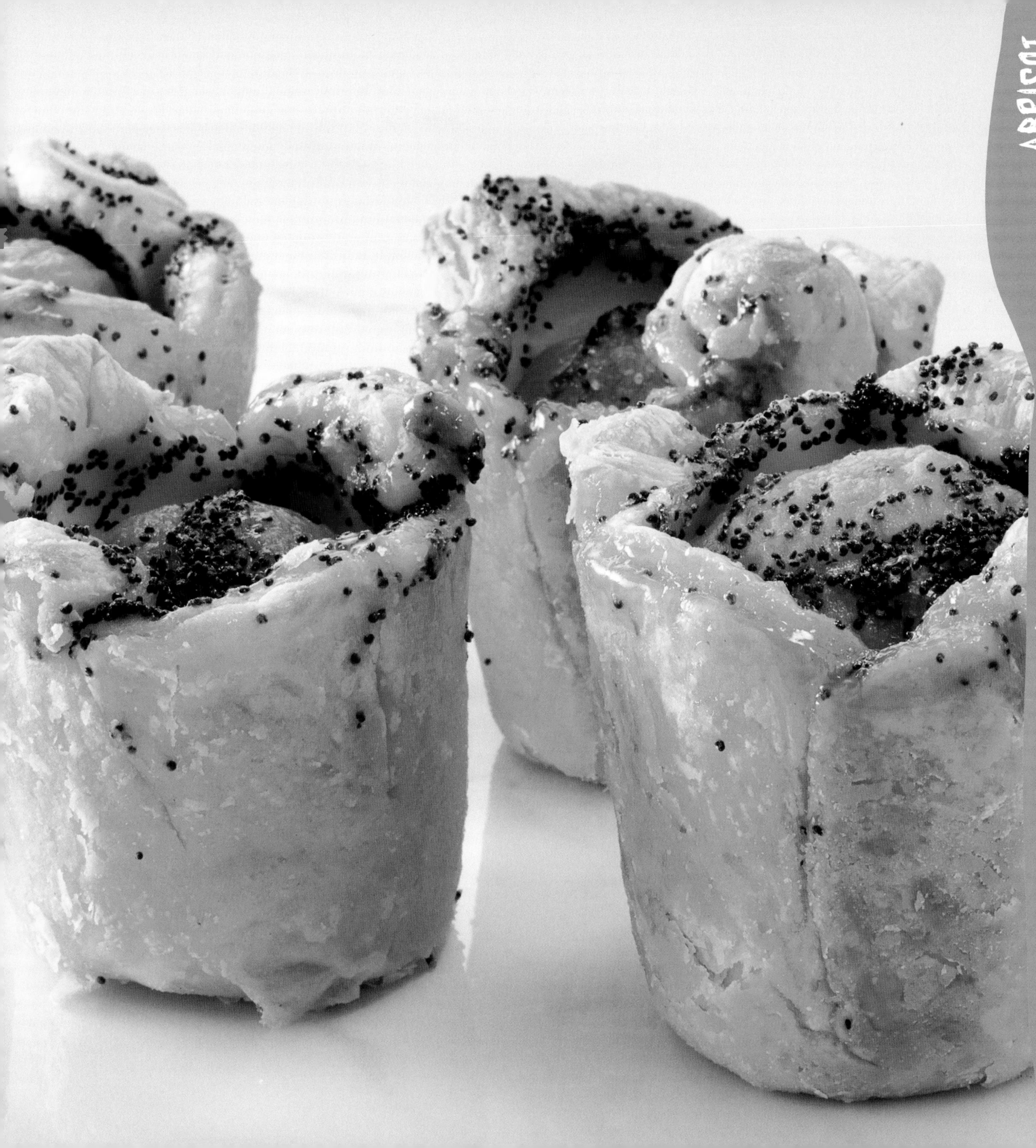

TARTE AUX FRAISES TRADITIONNELLE

6 PORTIONS

- ● 2 abaisses de pâte sucrée (p. 12)
- ● 5 c. à table (75 ml) de fécule de maïs
- ● 2 tasses (500 ml) de sucre
- ● 6 tasses (1,5 litre) de fraises fraîches
- ● 2 c. à thé (10 ml) de vanille en poudre
- ● 1 œuf, battu dans 1 c. à table (15 ml) d'eau

1. Presser une abaisse dans un moule à tarte et réfrigérer pendant 30 minutes. Couper la deuxième abaisse en bandelettes et les déposer sur du papier-parchemin. Réfrigérer pendant 30 minutes. **2.** Préchauffer le four à 375 °F (190 °C). **3.** Dans un petit bol, mélanger 1 c. à table (15 ml) de fécule de maïs et 3 c. à table (45 ml) de sucre. Étaler dans le moule. **4.** Dans un grand bol, mélanger les fraises et la vanille avec le reste de la fécule et du sucre. Déposer dans le moule. Couvrir de bandelettes de pâte en croisillons. Presser doucement les bords pour bien sceller la tarte. Badigeonner d'œuf battu. **5.** Cuire au four environ 50 minutes, jusqu'à ce que la pâte soit dorée et que la garniture soit bouillonnante. **6.** Laisser refroidir à température ambiante pendant 30 minutes avant de servir.

TARTELETTES AUX FRAISES ET AUX TOMATES

4 PORTIONS

- 1 recette de pâte sablée, cuite dans 4 moules à tartelettes rectangulaires (p. 13)
- 5 tomates, en dés
- 1 c. à table (15 ml) de cassonade
- 3 c. à table (45 ml) de vinaigre balsamique
- 1 pincée de poivre noir du moulin
- 8 fraises, en cubes
- 1 c. à table (15 ml) de sucre
- 1 c. à table (15 ml) d'huile d'olive

CES TARTELETTES INUSITÉES ET DÉLICIEUSES RÉUNISSENT DEUX SYMBOLES DE L'ÉTÉ : LA FRAISE ET LA TOMATE.

1. Dans une casserole, faire compoter les tomates avec la cassonade et 2 c. à table (30 ml) de vinaigre balsamique pendant 10 minutes. Ajouter le poivre et laisser refroidir complètement hors du feu. **2.** Dans un bol, mélanger les fraises, le sucre et l'huile d'olive. **3.** Remplir les fonds de tartelettes de la compote de tomates. Garnir de fraises, arroser du vinaigre restant et servir immédiatement.

TARTE AUX FRAISES, AU BASILIC ET À LA VODKA

6 PORTIONS

- 1 bouquet de basilic, effeuillé
- 1 tasse (250 ml) de vodka glacée
- 1 abaisse de pâte sucrée rose (p. 12)
- 2 c. à table (30 ml) de sucre glace
- 2 paquets de 3 oz (85 g) de poudre pour gelée aux fraises
- 2 tasses (500 ml) d'eau bouillante
- 1 tasse (250 ml) de sirop de fraise, froid
- 1 tasse (250 ml) de sucre
- 3 tasses (750 ml) de fraises fraîches, en tranches
- 3 c. à table (45 ml) de feuilles de basilic frais

1. La veille, faire macérer les feuilles de basilic dans la vodka pendant 4 heures. Jeter les feuilles et réserver la vodka au congélateur. **2.** Presser l'abaisse dans un moule à tarte et saupoudrer le fond de sucre glace. **3.** Dans un grand bol, dissoudre la poudre aux fraises dans l'eau bouillante. Ajouter la vodka réservée, le sirop de fraise et le sucre. Incorporer les fraises et les feuilles de basilic. Réserver pendant 10 minutes. Verser dans le moule et réfrigérer pendant au moins 4 heures.

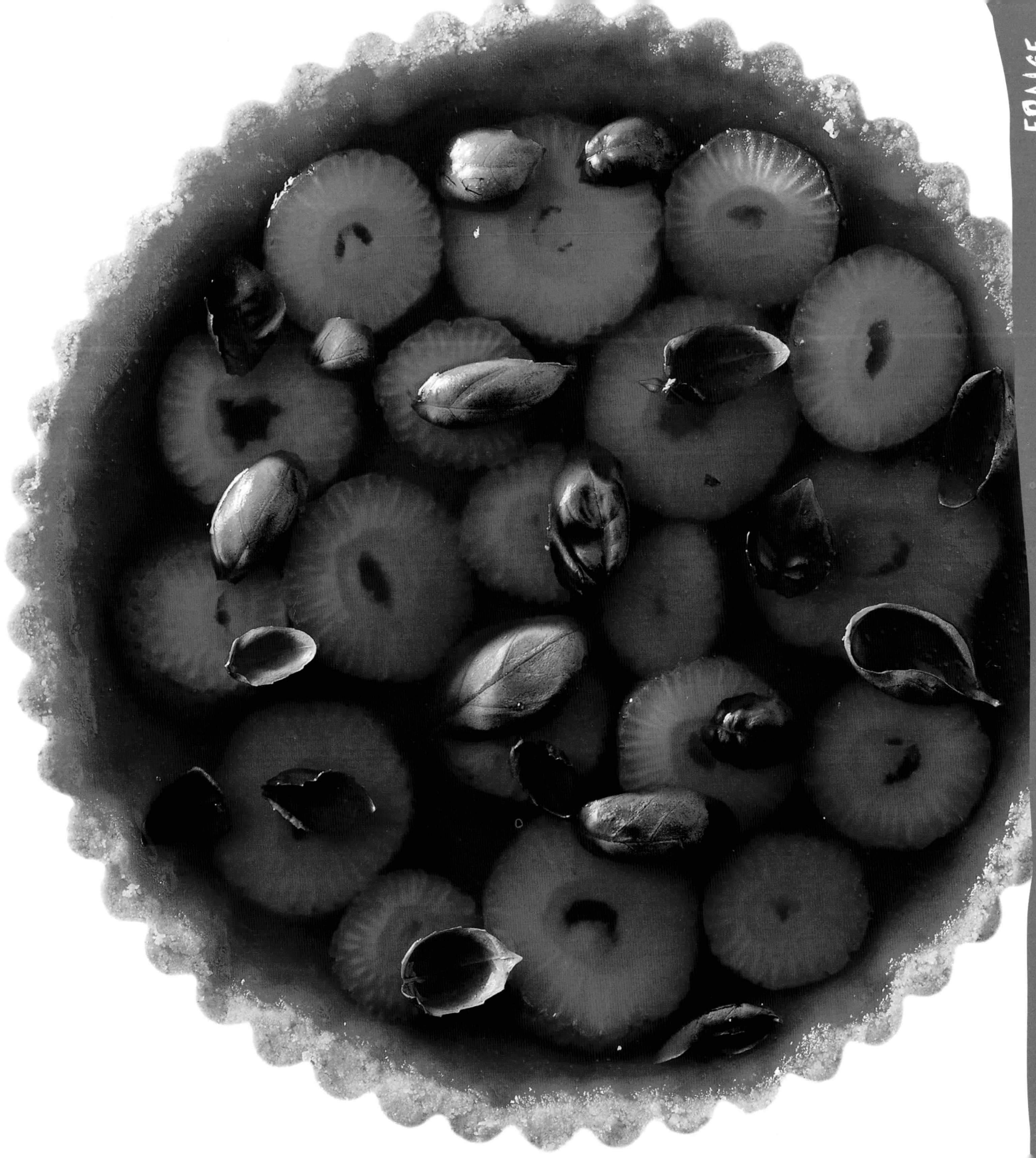

TARTELETTES AUX FRAISES ET AUX PISTACHES

4 PORTIONS

- 1 recette de pâte sablée, cuite dans 4 moules à tartelettes (p. 13)
- 2 c. à table (30 ml) de confiture de fraises
- 1 tasse (250 ml) de crème à fouetter (35 %)
- 2 c. à table (30 ml) de sucre glace
- 1 c. à thé (5 ml) d'extrait de vanille
- 12 fraises, en quartiers
- 4 c. à table (60 ml) de pistaches, hachées

1. Couvrir les croûtes d'une couche épaisse de confiture. **2.** Dans un bol, fouetter la crème avec le sucre glace et la vanille jusqu'à formation de pics fermes. Étaler uniformément sur la confiture. Garnir de fraises et de pistaches.

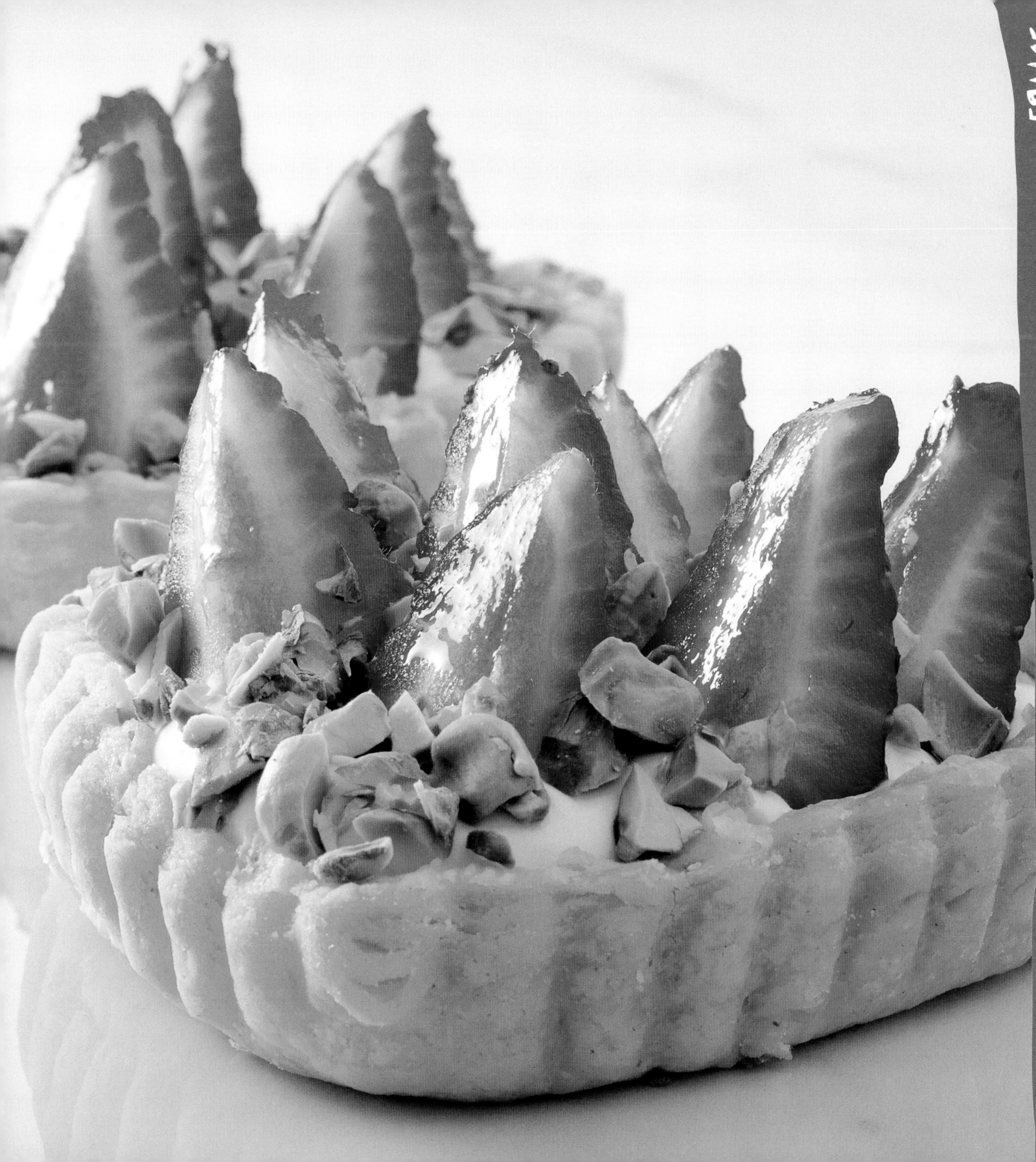

TARTE AUX FRAISES, À LA CRÈME PÂTISSIÈRE ET À LA MENTHE

6 PORTIONS

- 1 bouquet de menthe
- 1 recette de crème pâtissière (p. 16)
- 2 c. à table (30 ml) de zeste de citron
- 1 recette de pâte brisée, cuite (p. 10)
- 1 1/4 tasse (310 ml) de fraises fraîches, en dés
- 2 c. à table (30 ml) de sucre
- 2 c. à table (30 ml) de gelée de groseilles, diluée dans 1 c. à table (15 ml) d'eau chaude

1. Hacher la moitié de la menthe. Dans un bol, mélanger la crème pâtissière, le zeste et la menthe hachée. Verser dans la croûte et réfrigérer pendant 2 heures. **2.** Dans un bol, mélanger les fraises, le sucre et la gelée de groseilles. Étaler uniformément sur la crème pâtissière. Réfrigérer pendant 15 minutes avant de servir. Garnir du reste de la menthe.

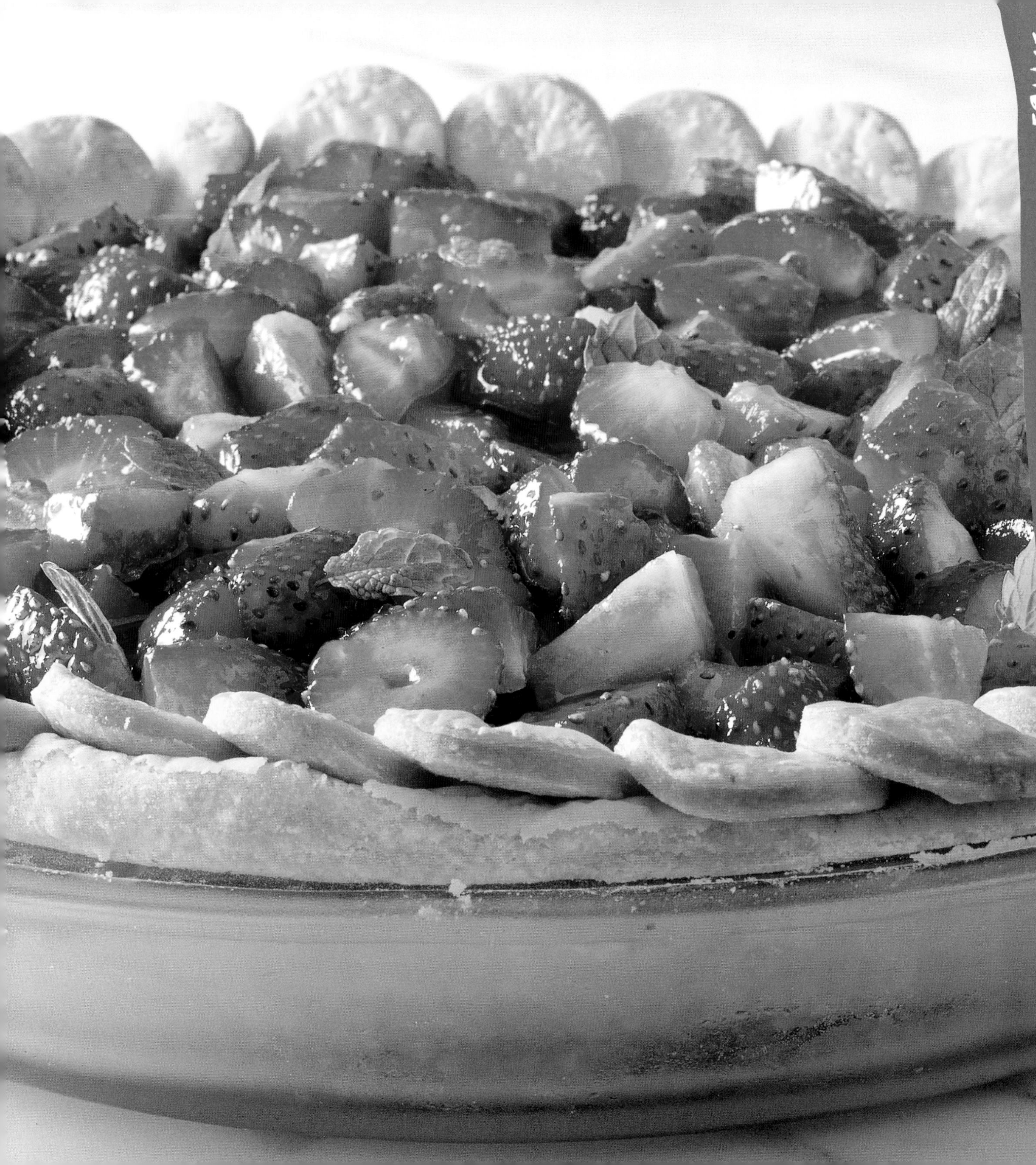

TARTE AUX FIGUES TRADITIONNELLE

4 PORTIONS

- 1 abaisse de pâte feuilletée du commerce ou de pâte semi-feuilletée (p. 12)
- 2 c. à table (30 ml) de cassonade
- 6 grosses figues, en tranches épaisses
- 2 c. à table (30 ml) de miel
- 1 c. à table (15 ml) de beurre, en petits dés
- 1 œuf, battu dans 1 c. à thé (5 ml) d'eau

1. Préchauffer le four à 400 °F (200 °C). **2.** Déposer la pâte sur une plaque à pâtisserie couverte de papier-parchemin, puis faire un bord tout autour. Étaler la cassonade, puis ajouter les figues en les faisant se chevaucher. **3.** Badigeonner les figues de miel et couvrir de dés de beurre. Badigeonner le bord de la tarte d'œuf battu. **4.** Cuire au four environ 35 minutes, jusqu'à ce que la pâte soit gonflée et bien dorée. Laisser reposer à température ambiante pendant 5 minutes avant de servir.

TARTE AUX FIGUES ET AU POIVRE ROSE

8 PORTIONS

- 1/4 tasse (60 ml) de grains de poivre rose
- 1 recette de crème pâtissière (p. 16)
- 1 recette de crème Chantilly (p. 17)
- 1 c. à table (15 ml) de zeste d'orange, râpé finement
- 1 croûte aux petits-beurre (p. 15)
- 6 figues vertes, en quartiers
- 6 figues mauves, en quartiers

1. Au-dessus d'une grande assiette, passer les grains de poivre rose au tamis en les frottant du bout des doigts pour retirer la peau rose. Jeter les grains noirs et ne conserver que la peau rose des baies. **2.** Dans un bol, mélanger la crème pâtissière, la crème Chantilly, le zeste et la peau rose des baies de poivre. Verser dans la croûte et réfrigérer pendant 1 heure. **3.** Disposer les figues autour et au centre de la tarte. Servir immédiatement ou réfrigérer jusqu'au moment de servir.

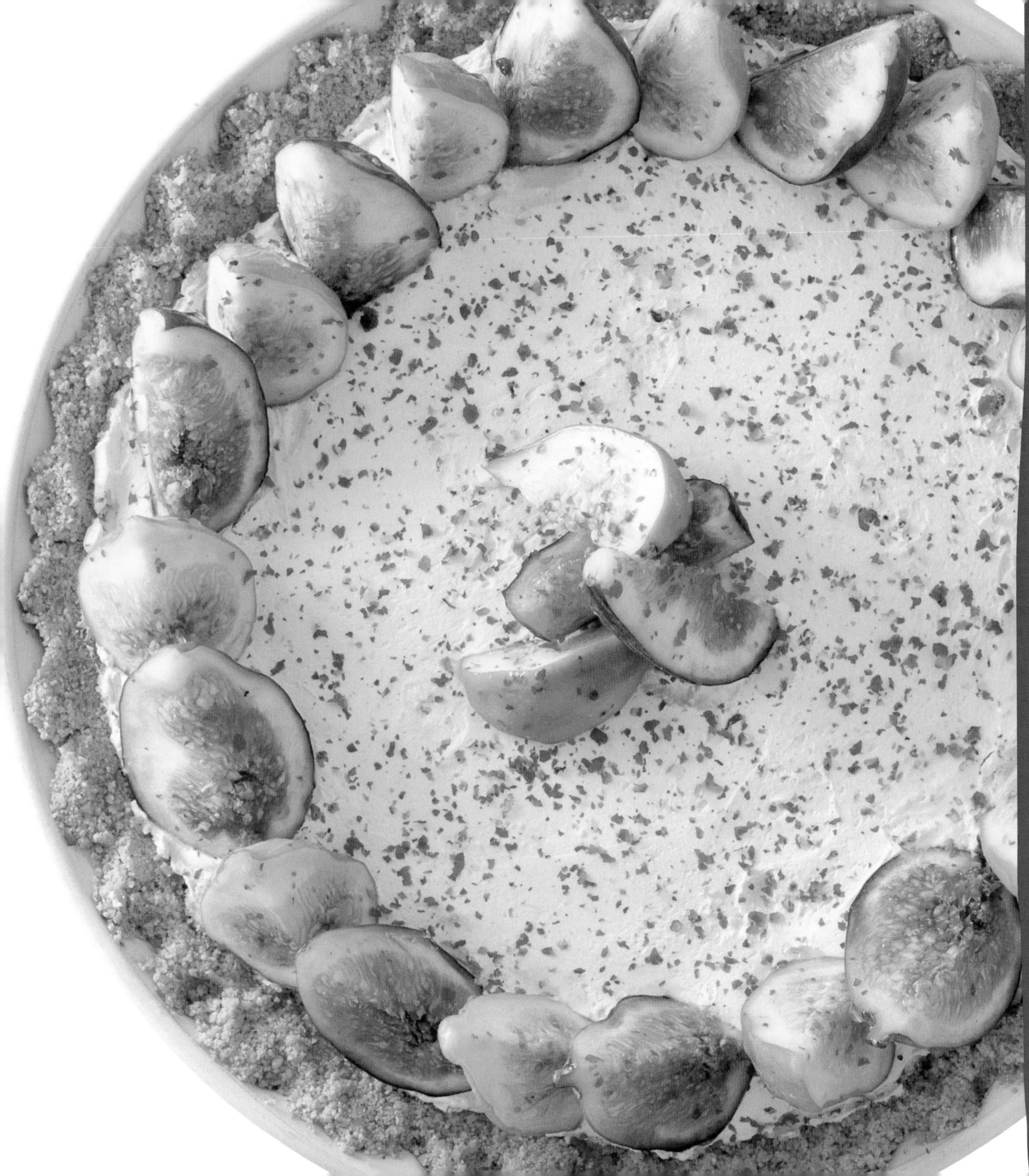

TARTELETTES AUX FIGUES ET AU PARMESAN

4 PORTIONS

- 2 c. à table (30 ml) de gelée de piments
- 1 recette de pâte sablée, cuite dans 4 moules à tartelettes (p. 13)
- 6 figues vertes, coupées en tranches
- 1 c. à table (15 ml) de miel
- 1 1/2 oz (45 g) de parmesan, en copeaux

ON PEUT PRÉPARER LA PÂTE LA VEILLE, MAIS IL EST IMPORTANT D'ATTENDRE AU MOMENT DE SERVIR POUR ASSEMBLER LE TOUT. UN RÉGAL EN ENTRÉE OU COMME DESSERT.

1. Étaler la gelée de piments dans les croûtes. Disposer les tranches de figues en cercles concentriques. Verser le miel sur les figues. Garnir de copeaux de parmesan et servir immédiatement.

CROSTATA AUX FIGUES

8 PORTIONS

- 1 recette double de pâte sablée (p. 13)
- 1 tasse (250 ml) de confiture de figues
- 1 c. à table (15 ml) de Passito di Pantelleria ou autre vin doux
- 1 œuf, battu dans 1 c. à table (15 ml) d'eau

1. Presser une abaisse dans un moule à tarte à fond amovible et réfrigérer pendant 20 minutes. 2. Entre-temps, couper la deuxième abaisse en longues bandes minces. Placer les bandes en croisillons sur une plaque couverte de papier-parchemin et réfrigérer pendant 10 minutes. 3. Préchauffer le four à 350 °F (180 °C). 4. Dans un bol, mélanger la confiture et le vin, puis étaler dans le moule. Couvrir des croisillons de pâte. Presser doucement les bords pour bien sceller la crostata et badigeonner la pâte d'œuf battu. 5. Cuire au four environ 40 minutes, jusqu'à ce que la pâte soit dorée et que la garniture soit bouillonnante. 6. Laisser refroidir à température ambiante pendant 15 minutes avant de démouler et de servir.

TARTELETTES AUX BLEUETS DE GRAND-MÈRE

8 PORTIONS

- 1 recette double de pâte sablée (p. 13)
- 1 recette de pâte brisée (p. 10)
- 6 tasses (1,5 litre) de bleuets
- 2 tasses (500 ml) de sucre
- 5 c. à table (75 ml) de fécule de maïs
- 2 c. à table (30 ml) de beurre, en petits dés
- 1 œuf, battu dans 1 c. à table (15 ml) d'eau

1. Beurrer et fariner 8 moules à muffins. Presser la pâte sablée dans les moules et réfrigérer pendant 30 minutes. Découper la pâte brisée en bandes fines. Réfrigérer pendant 30 minutes. **2.** Dans un bol, mélanger les bleuets, le sucre et la fécule de maïs. Laisser macérer pendant 20 minutes. **3.** Préchauffer le four à 375 °F (190 °C). **4.** Répartir la préparation aux bleuets dans les moules et ajouter quelques dés de beurre. Couvrir de bandes de pâte brisée posées en croisillons. Presser doucement les bords pour bien sceller les tartelettes. **5.** Badigeonner d'œuf battu et cuire au four environ 30 minutes, jusqu'à ce que la pâte soit dorée et que la garniture soit bouillonnante. Laisser refroidir à température ambiante pendant 10 minutes avant de démouler et de servir.

TARTE AUX BLEUETS ET À LA CRÈME DE YOGOURT

4 PORTIONS

- 1/2 oz (15 g) de gélatine en poudre
- 1/2 tasse (125 ml) de crème 15 %
- 3 c. à table (45 ml) de sucre
- 2 tasses (500 ml) de yogourt à la vanille
- 1 recette de croûte aux biscuits Graham (p. 15)
- 1/4 tasse (60 ml) de confiture de bleuets
- 3 tasses (750 ml) de bleuets frais

1. Dans un bol, mélanger la gélatine dans 2 c. à table (30 ml) d'eau chaude et laisser refroidir. Ajouter la crème, le sucre et le yogourt. Bien mélanger et réserver. **2.** Couvrir la croûte de confiture. Répartir les bleuets (en réserver quelques-uns pour garnir), puis étaler uniformément la préparation au yogourt. Réfrigérer pendant 2 heures. **3.** Garnir des bleuets réservés et servir immédiatement.

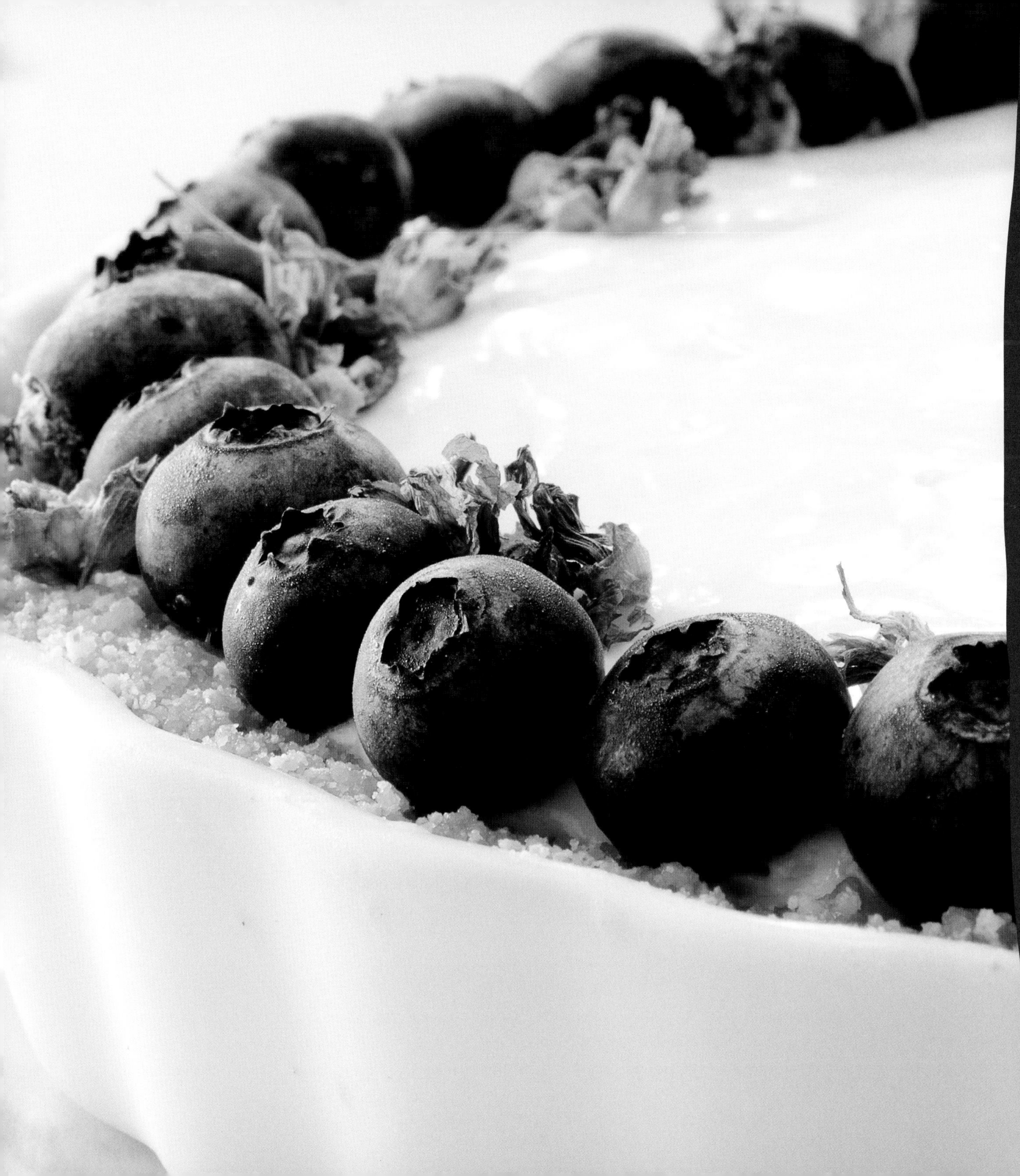

TARTELETTES-CRUMBLES AUX BLEUETS

4 PORTIONS

- 2 abaisses de pâte brisée (p. 10)
- 3 tasses (750 ml) de bleuets frais ou surgelés
- 5 c. à table (75 ml) de sucre glace
- 2 c. à table (30 ml) de fécule de maïs
- 2 c. à table (30 ml) de confiture de bleuets
- 2 c. à table (30 ml) de flocons de maïs, broyés
- 1/4 tasse (60 ml) d'amandes, concassées
- 1/4 tasse (60 ml) de farine
- 1/2 tasse (125 ml) de flocons d'avoine
- 2 c. à table (30 ml) de cassonade
- 1/4 c. à thé (1 ml) de cannelle moulue
- 1/8 c. à thé (0,5 ml) de poivre noir du moulin
- 2 c. à table (30 ml) de beurre

1. Détailler la pâte en 4 cercles et la presser dans 4 moules à tartelettes à bord élevé. Réfrigérer pendant 30 minutes. **2.** Préchauffer le four à 375 °F (190 °C). **3.** Dans un bol, mélanger les bleuets, le sucre glace et la fécule de maïs. Couvrir les fonds de tartelettes de confiture et répartir la préparation aux bleuets. **4.** Dans un bol, mélanger les flocons de maïs, les amandes, la farine, les flocons d'avoine, la cassonade, la cannelle et le poivre. Ajouter le beurre et mélanger du bout des doigts pour obtenir une texture granuleuse. Verser sur les bleuets. **5.** Cuire au four environ 40 minutes, jusqu'à ce que la garniture soit bouillonnante et que le dessus soit bien doré. Laisser refroidir à température ambiante pendant 10 minutes avant de servir.

CES TARTELETTES PEUVENT ÊTRE PRÉPARÉES 2 JOURS À L'AVANCE ET RÉFRIGÉRÉES.

TARTELETTES AUX BLEUETS ET À LA RICOTTA

4 PORTIONS

- 1 recette double de croûte aux noix, pressée dans 4 moules à tartelettes (p. 14)
- 1 1/2 tasse (375 ml) de ricotta
- 3 œufs
- 2/3 tasse (160 ml) de sucre
- 1/2 tasse (125 ml) de lait
- 1 c. à thé (5 ml) d'extrait de vanille
- 1 pincée de sel
- 2 tasses (500 ml) de bleuets
- 1 c. à table (15 ml) de cassonade

1. Préchauffer le four à 350 °F (180 °C). **2.** Dans un bol, mélanger la ricotta, les œufs, le sucre, le lait, la vanille et le sel. **3.** Dans une casserole, à feu doux, cuire la moitié des bleuets avec la cassonade pendant 15 minutes. Retirer du feu et laisser reposer quelques minutes. **4.** Répartir la préparation aux bleuets dans les fonds de tartelettes. Couvrir du reste des bleuets et de la préparation à la ricotta. **5.** Cuire au four environ 35 minutes, jusqu'à ce que la garniture soit ferme et que le dessus soit légèrement craquelé. Laisser refroidir complètement à température ambiante avant de servir.

TARTE À LA NOIX DE COCO TRADITIONNELLE

6 PORTIONS

- 1 tasse (250 ml) de sucre
- 1/2 tasse (125 ml) de fécule de maïs
- 1/4 c. à thé (1 ml) de sel
- 4 tasses (1 litre) de lait
- 8 jaunes d'œufs
- 2 c. à table (30 ml) de beurre
- 1 1/2 c. à thé (7 ml) d'extrait de vanille
- 2 tasses (500 ml) de noix de coco râpée
- 1 recette de pâte brisée (p. 10), cuite
- 1 tasse (250 ml) de crème à fouetter (35 %)
- 3 c. à table (45 ml) de noix de coco en copeaux, grillée

1. Dans une casserole, à feu moyen, chauffer le sucre, la fécule de maïs, le sel et le lait en remuant jusqu'à épaississement. Retirer du feu. 2. Dans un bol, fouetter les jaunes d'œufs jusqu'à ce qu'ils soient pâles et mousseux. Verser lentement la moitié de la préparation au lait sans cesser de fouetter. Reverser le tout dans la casserole et remettre sur le feu pendant 5 minutes en fouettant sans cesse. Ajouter le beurre, la vanille et la noix de coco. Mélanger et verser dans la croûte refroidie. Réfrigérer pendant 3 heures. 3. Fouetter la crème jusqu'à formation de pics fermes et en garnir la tarte juste avant de servir. Parsemer des copeaux de noix de coco grillée.

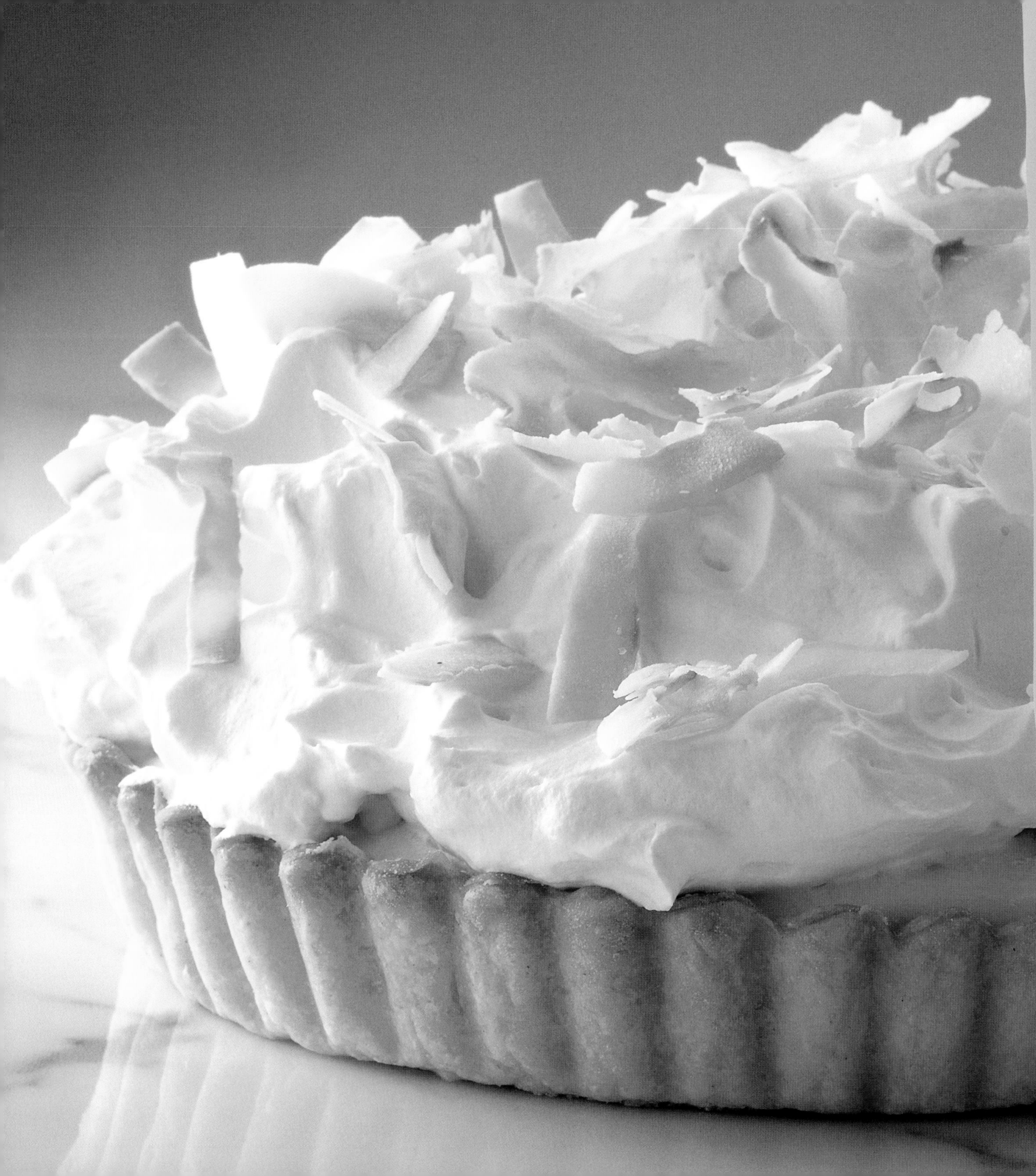

TARTE À LA MANGUE ET À LA NOIX DE COCO

4 PORTIONS

- 4 mangues, pelées
- 1 recette de crème pâtissière (p. 16)
- 1/2 tasse (125 ml) de lait de coco
- 2 c. à table (30 ml) de jus de lime
- 1 recette de pâte brisée à la noix de coco, cuite (p. 11)
- 2/3 tasse (160 ml) de flocons de noix de coco, grillés

POUR PLUS D'EXOTISME, AJOUTEZ DE LA PAPAYE
ET DE L'ANANAS AU CENTRE DE LA TARTE.

1. Au robot culinaire, réduire 2 mangues en purée. Dans un bol, mélanger la crème pâtissière, le lait de coco et la purée de mangue. Réfrigérer pendant 30 minutes. 2. Couper le reste des mangues en gros dés et les mélanger avec le jus de lime dans un grand bol.

3. Verser la crème pâtissière à la mangue dans une poche à pâtisserie. Faire une couronne de crème pâtissière autour de la croûte. Placer les dés de mangue au centre et garnir de noix de coco. Servir immédiatement ou réfrigérer jusqu'au moment de servir.

TARTELETTES AUX ROCHERS DE NOIX DE COCO ET AU CHOCOLAT

6 PORTIONS

- 12 biscuits minces (palets) au chocolat noir
- 2 oz (60 g) de chocolat blanc, fondu
- 1 tasse (250 ml) de guimauves
- 3 c. à table (45 ml) de sirop de maïs
- 1/4 c. à thé (1 ml) d'extrait de vanille
- 1/2 tasse (125 ml) de céréales de riz croustillant
- 1/2 tasse (125 ml) de noix de coco râpée, grillée
- 2 oz (60 g) de chocolat noir, fondu
- Quelques tranches de bananes séchées

1. Dans 6 moules à tartelettes, déposer un biscuit au chocolat. Arroser d'un peu de chocolat blanc fondu et couvrir d'un autre biscuit. Réserver. 2. Dans une casserole, à feu doux, faire fondre la guimauve dans le sirop de maïs en remuant. Ajouter la vanille, les céréales et la noix de coco. Mélanger et verser sur les biscuits. Réfrigérer pendant 2 heures. 3. Tremper les bananes à moitié dans le chocolat noir fondu et garnir les tartelettes. Servir immédiatement.

113

TARTE AUX PACANES TRADITIONNELLE

6 PORTIONS

- 1 abaisse de pâte brisée au fromage à la crème (p. 11)
- 3 c. à table (45 ml) de beurre, ramolli
- 2/3 tasse (160 ml) de cassonade
- 3 jaunes d'œufs
- 1/2 c. à thé (2 ml) d'extrait de vanille
- 1/2 tasse (125 ml) de sirop de maïs
- 1 pincée de sel
- 1 3/4 tasse (430 ml) de pacanes

1. Presser l'abaisse dans un moule à tarte et réfrigérer pendant 30 minutes. **2.** Préchauffer le four à 350 °F (180 °C). **3.** Cuire la pâte au four pendant 15 minutes, puis laisser refroidir à température ambiante. **4.** Dans un bol, à l'aide d'un fouet, battre le beurre et la cassonade. Ajouter les jaunes d'œufs et fouetter jusqu'à consistance mousseuse. Incorporer la vanille, le sirop de maïs et le sel. **5.** Étaler les pacanes dans la croûte refroidie et couvrir de la préparation aux œufs. Cuire au four environ 30 minutes, jusqu'à ce que la garniture soit prise mais encore un peu molle. Laisser refroidir à température ambiante pendant 1 heure avant de servir.

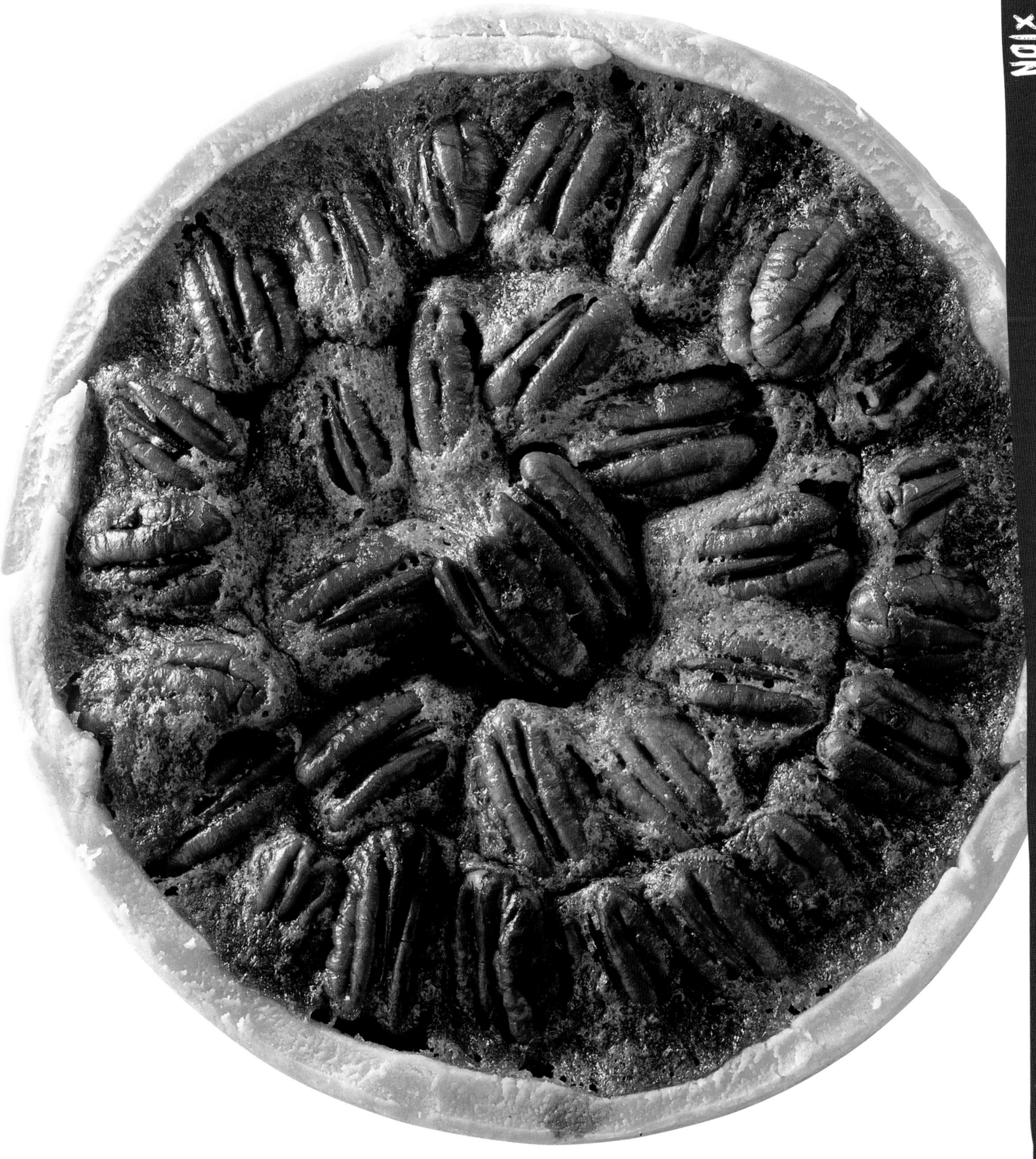

UNE TARTE À LAQUELLE LES AMATEURS DE CHOCOLAT ET DE PACANES NE POURRONT RÉSISTER. SERVEZ-EN DE PETITES PARTS AVEC UN VERRE DE WHISKY.

TARTE AUX PACANES ET AU CHOCOLAT

6 PORTIONS

- 1 abaisse de pâte sablée au chocolat (p. 13)
- 3 œufs
- 1 tasse (250 ml) de cassonade
- 1/2 tasse (125 ml) de sirop de maïs
- 1/2 c. à thé (2 ml) d'extrait de vanille
- 3 c. à table (45 ml) de whisky (facultatif)
- 7 oz (200 g) de pastilles ou de carrés de chocolat au lait
- 1 1/4 tasse (310 ml) de pacanes, concassées
- 2 oz (60 g) de chocolat noir

1. Presser l'abaisse dans un moule à tarte à fond amovible peu profond. Réfrigérer pendant 30 minutes. **2.** Préchauffer le four à 350 °F (180 °C). **3.** Dans un bol, fouetter les œufs avec la cassonade. Incorporer le sirop de maïs, la vanille et le whisky. **4.** Répartir le chocolat au lait dans le moule et couvrir de pacanes. Verser la préparation aux œufs. Cuire au four environ 40 minutes, jusqu'à ce que la garniture soit presque ferme. Laisser refroidir complètement à température ambiante, puis réfrigérer pendant 1 heure. **5.** Faire fondre le chocolat noir et en arroser la tarte. Réfrigérer jusqu'au moment de servir.

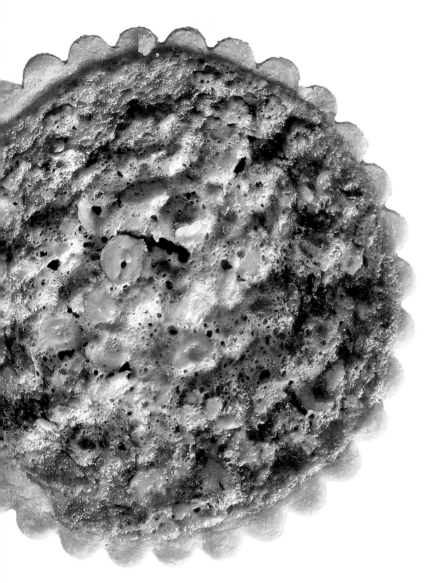

UNE BELLE DÉCOUVERTE QUE CETTE ASSOCIATION DE THÉ DARJEELING ET DE NOISETTES.

TARTE AUX NOISETTES ET AU THÉ DARJEELING

4 PORTIONS

- 1 abaisse de pâte sablée (p. 13)
- 3 c. à table (45 ml) de thé Darjeeling en feuilles
- 1 tasse (250 ml) de crème à fouetter (35 %)
- 2 jaunes d'œufs
- 1 tasse (250 ml) de cassonade
- 1/2 tasse (125 ml) de sirop de maïs
- 1 2/3 tasse (410 ml) de noisettes, hachées
- 1 c. à table (15 ml) de zeste d'orange

1. Presser la pâte dans un moule à tarte à fond amovible et réfrigérer pendant 30 minutes. Cuire au four préchauffé à 375 °F (190 °C) pendant 10 minutes et laisser refroidir complètement à température ambiante. **2.** Dans une casserole, déposer les feuilles de thé dans la crème et porter à ébullition. Retirer du feu aussitôt et laisser infuser pendant 1 heure. Filtrer au tamis. **3.** Préchauffer le four à 375 °F (190 °C). **4.** Dans un bol, à l'aide d'un fouet, battre les jaunes d'œufs jusqu'à ce qu'ils pâlissent. Incorporer la cassonade, le sirop de maïs, les noisettes, le zeste et la crème infusée. Verser dans la croûte. **5.** Cuire au four environ 25 minutes, jusqu'à ce que la garniture soit presque ferme. Laisser refroidir complètement à température ambiante, puis réfrigérer pendant 30 minutes avant de servir.

TARTE AU FROMAGE ET AUX NOIX

4 PORTIONS

- 8 oz (225 g) de fromage de chèvre frais
- 3 c. à table (45 ml) de sucre glace
- 2 œufs
- 1 c. à thé (5 ml) d'extrait de vanille
- 1/2 c. à thé (2 ml) de cannelle moulue
- 1/4 c. à thé (1 ml) de muscade moulue
- 1 recette de croûte aux noix (p. 14)
- 3/4 tasse (180 ml) de noix, hachées
- 2 c. à table (30 ml) de sucre
- 2 c. à table (30 ml) de raisins secs
- 4 c. à table (60 ml) de fromage de chèvre, émietté

> **CETTE TARTE RAPPELLE LES PARFUMS DE L'AUTOMNE À LA CAMPAGNE.**

1. Préchauffer le four à 350 °F (180 °C). **2.** Dans un bol, fouetter le fromage de chèvre et le sucre glace. Ajouter les œufs, la vanille, la cannelle et la muscade en fouettant vigoureusement. Verser dans la croûte et cuire au four pendant 20 minutes. **3.** Dans un bol, mélanger les noix, le sucre, les raisins secs et le fromage de chèvre émietté. Répartir uniformément sur la tarte et cuire 10 minutes de plus. **4.** Laisser refroidir à température ambiante pendant 1 heure avant de servir.

TARTELETTES AUX PACANES ET À LA GLACE À LA BANANE

6 PORTIONS

- 1 tasse (250 ml) de pacanes entières
- 2 tasses (500 ml) de sirop de maïs
- 1 tasse (250 ml) de sucre
- 1 c. à thé (5 ml) de fleur de sel
- 3 tasses (750 ml) de pacanes, hachées
- 2 c. à table (30 ml) de cassonade
- 3 c. à table (45 ml) de mélasse
- 1/4 c. à thé (1 ml) d'anis étoilé moulu
- 1/8 c. à thé (0,5 ml) de poivre noir du moulin
- 1/4 tasse (60 ml) de beurre, fondu
- 2 tasses (500 ml) de glace à la banane

1. Sur une plaque à pâtisserie couverte de papier-parchemin, ranger les pacanes entières les unes contre les autres. **2.** Dans une casserole, chauffer le sirop de maïs avec le sucre jusqu'à dissolution. Porter à ébullition et verser sur les pacanes entières. Saupoudrer de fleur de sel et laisser refroidir complètement à température ambiante. **3.** Dans un bol, mélanger les pacanes hachées, la cassonade, la mélasse, l'anis et le poivre. Ajouter le beurre et mélanger. Presser dans 6 moules à tartelettes à fond amovible et réfrigérer pendant 1 heure. **4.** Couvrir les croûtes de tartelettes de glace à la banane et garder au congélateur pendant 1 heure. **5.** Concasser les pacanes sucrées-salées et les piquer dans les tartelettes. Servir immédiatement.

TARTE À LA CITROUILLE TRADITIONNELLE

6 PORTIONS

- 1 abaisse de pâte brisée (p. 10)
- 2 œufs
- 1 tasse (250 ml) de cassonade
- 3 c. à table (45 ml) de sirop de maïs
- 1/2 tasse (125 ml) de lait évaporé
- 2 tasses (500 ml) de purée de citrouille
- 1 c. à thé (5 ml) de cannelle moulue
- 1 c. à thé (5 ml) de muscade moulue
- 1/2 c. à thé (2 ml) de gingembre moulu
- 1/4 c. à thé (1 ml) de clou de girofle moulu
- 1 pincée de sel

1. Presser l'abaisse dans un moule à tarte et réfrigérer pendant 30 minutes. 2. Préchauffer le four à 375 °F (190 °C). 3. Dans un bol, fouetter les œufs jusqu'à ce qu'ils soient mousseux. Ajouter le reste des ingrédients et bien mélanger. Verser dans la croûte. 4. Cuire au four environ 40 minutes, jusqu'à ce que la garniture soit ferme. Laisser refroidir complètement à température ambiante avant de servir.

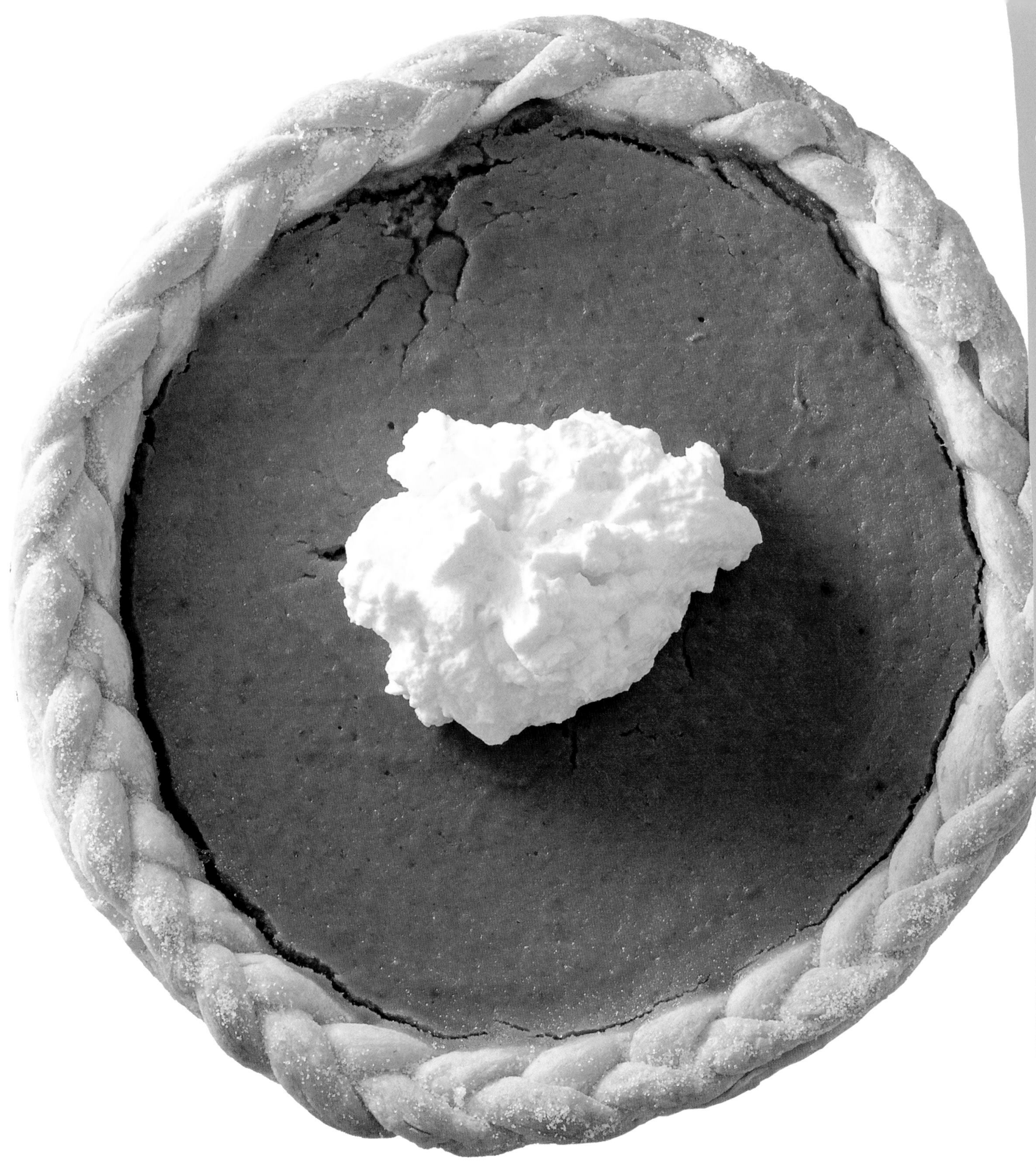

TARTE À LA CITROUILLE ET AU FROMAGE

6 PORTIONS

Pâte :

- 10 oz (300 g) de biscuits au gingembre, émiettés
- 2/3 tasse (160 ml) de sucre
- 2 c. à table (30 ml) de beurre
- 1 œuf

Garniture :

- 7 oz (200 g) de fromage blanc
- 2 c. à table (30 ml) de farine
- 3/4 tasse (180 ml) de sucre
- 2 jaunes d'œufs
- 1 tasse (250 ml) de purée de citrouille
- 1 c. à table (15 ml) de cassonade
- 1/2 c. à thé (2 ml) de lavande séchée
- 1/2 c. à thé (2 ml) de cannelle moulue
- 1/2 c. à thé (2 ml) de muscade moulue
- 1/4 c. à thé (1 ml) de gingembre moulu
- 2/3 tasse (160 ml) de fromage à la crème
- 1/4 tasse (60 ml) de crème 15 %

Décoration (facultatif) :

- 1/4 tasse (60 ml) de graines de citrouille
- 3/4 tasse (180 ml) de sucre
- 3 c. à table (45 ml) d'eau

1. Pâte : Dans un bol, mélanger les biscuits, le sucre et le beurre. Incorporer l'œuf. Avec les mains farinées, presser la préparation dans un moule à tarte. Réfrigérer pendant 30 minutes. 2. Préchauffer le four à 375 °F (190 °C). 3. Garniture : Dans un bol, battre le fromage blanc, la farine et le sucre pendant 3 minutes. Ajouter les jaunes d'œufs un à un en battant après chaque addition. Incorporer la purée de citrouille, la cassonade, la lavande et les épices. Verser dans la croûte. 4. Dans un autre bol, mélanger le fromage à la crème et la crème. Déposer de grosses cuillerées sur la préparation à la citrouille en formant de longues bandes. (À l'aide d'un couteau, on peut aussi les mélanger pour faire des marbrures.) Couvrir le tour de la tarte de papier d'aluminium pour empêcher la croûte de brûler. Cuire au four environ 40 minutes, jusqu'à ce que la garniture soit tout juste ferme. Laisser refroidir complètement à température ambiante, puis réfrigérer pendant 2 heures avant de servir. 5. Décoration : Si désiré, étaler les graines de citrouille sur une plaque à pâtisserie couverte de papier-parchemin. Dans une petite casserole, faire fondre le sucre dans l'eau et laisser caraméliser. Cuire jusqu'à ce que le caramel soit légèrement doré. Verser sur les graines de citrouille et laisser refroidir complètement. Concasser le caramel durci et planter les éclats dans la tarte.

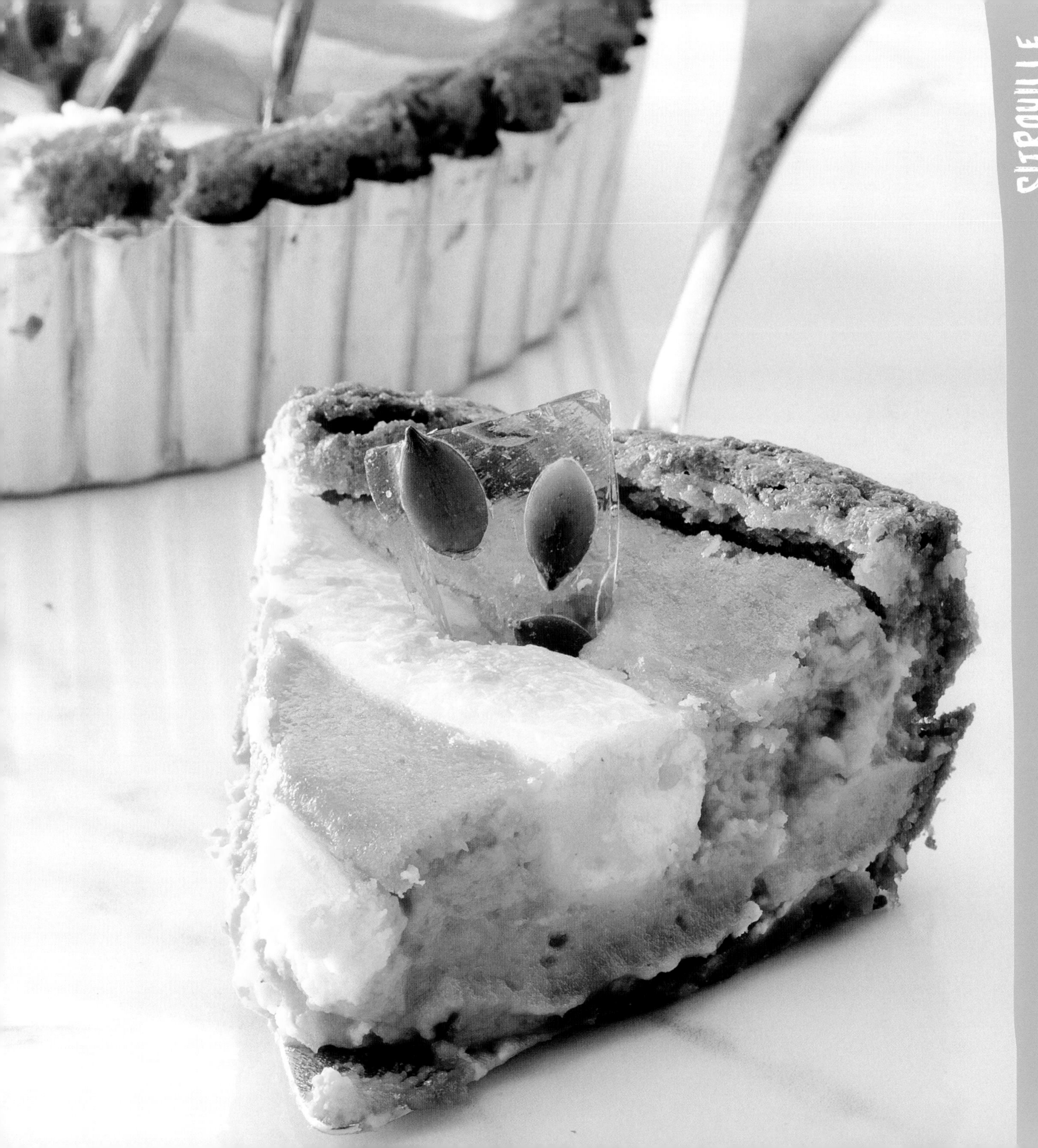

TARTE BOURDALOUE TRADITIONNELLE

6 PORTIONS

- 1/2 tasse (125 ml) de beurre, ramolli
- 2 1/2 tasses (625 ml) de sucre glace
- 4 c. à thé (20 ml) de fécule de maïs
- 5 oz (150 g) de poudre d'amande
- 2 œufs
- 1 tasse (250 ml) de crème à fouetter (35 %)
- 5 poires mûres
- 7 c. à table (105 ml) de jus de citron
- 1/2 c. à thé (2 ml) d'extrait de vanille
- 1 abaisse de pâte brisée (p. 10)

1. Dans un bol, mélanger le beurre, le sucre glace, la fécule de maïs et la poudre d'amande. Ajouter les œufs un à un en battant après chaque addition. Incorporer la crème, couvrir et réfrigérer. **2.** Préchauffer le four à 350 °F (180 °C). **3.** Peler les poires, retirer le cœur, puis les couper en tranches. Les déposer dans un bol. Arroser de jus de citron et réserver. **4.** Dans une casserole, porter 2 tasses (500 ml) d'eau à ébullition. Ajouter la vanille, les poires et leur jus. Cuire à feu doux pendant 15 minutes. Retirer du feu et laisser infuser pendant 30 minutes. **5.** Presser l'abaisse dans un moule à tarte à fond amovible. Pincer le bord pour former un bourrelet tout autour. **6.** Étaler la crème d'amande sur la pâte et disposer les poires égouttées. **7.** Cuire au four environ 30 minutes, jusqu'à ce que le dessus de la tarte soit bien doré. Laisser refroidir sur une grille pendant 20 minutes avant de servir.

TARTE BOURDALOUE DU DIMANCHE AUX POIRES ET AUX ABRICOTS

6 PORTIONS

- 1 abaisse de pâte brisée (p. 10)
- 4 poires, pelées et coupées en tranches
- 1 recette de frangipane (p. 16)
- 6 abricots, coupés en deux
- 2 c. à table (30 ml) de rhum brun (facultatif)

1. Préchauffer le four à 350 °F (180 °C). 2. Presser l'abaisse dans un moule à tarte. Répartir les poires et couvrir de frangipane. Disposer les abricots tout autour et arroser de rhum brun. 3. Cuire au four environ 50 minutes, jusqu'à ce que la garniture soit ferme. Laisser refroidir à température ambiante pendant 1 heure avant de servir froid ou tiède.

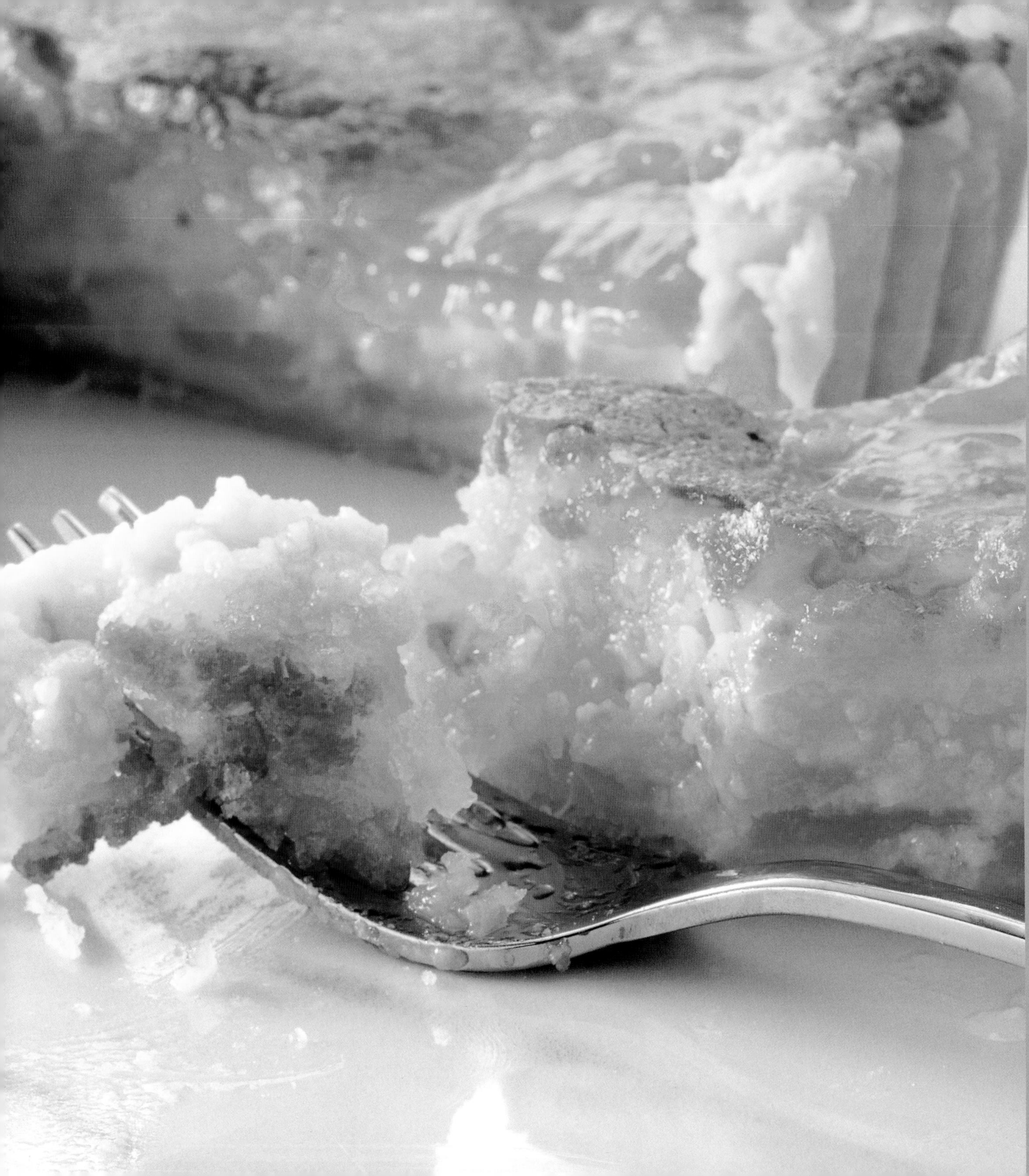

TARTE BOURDALOUE AU CHOCOLAT

6 PORTIONS

- 1 abaisse de pâte sablée au chocolat (p. 13)
- 2 tasses (500 ml) de purée de poires
- 1 recette de frangipane (p. 16)
- 3 1/2 oz (100 g) de grains de chocolat

1. Presser l'abaisse dans un moule à tarte à fond amovible et réfrigérer pendant 30 minutes. 2. Préchauffer le four à 375 °F (190 °C).
3. Étaler la purée de poires sur la pâte et couvrir de frangipane. Parsemer de grains de chocolat. 4. Cuire au four environ 35 minutes, jusqu'à ce que la garniture soit ferme. Laisser refroidir complètement à température ambiante. Réfrigérer pendant quelques heures avant de servir.

ÉTONNANTE COMBINAISON DE CAFÉ ET D'ÉPICES CHAUDES, CETTE BOURDALOUE EST TOUT SIMPLEMENT DÉLECTABLE.

TARTELETTES BOURDALOUE AU MASSALÉ

6 PORTIONS

- 1 abaisse de pâte sucrée (p. 12)
- 6 demi-poires au sirop, égouttées
- 1/2 tasse (125 ml) de café noir
- 1 recette de frangipane (p. 16)
- 2 c. à table (30 ml) d'espresso en poudre
- 1 1/2 c. à thé (7 ml) de massalé doux (mélange d'épices moulues)

1. Presser l'abaisse dans 6 moules à tartelettes rectangulaires et réfrigérer pendant 30 minutes. **2.** Dans un bol, laisser macérer les poires dans le café pendant 15 minutes. Égoutter sur du papier absorbant. **3.** Préchauffer le four à 350 °F (180 °C). **4.** Dans un bol, mélanger la frangipane, la poudre d'espresso et le massalé. Répartir dans les moules. Placer une demi-poire au centre de chaque tartelette. **5.** Cuire au four environ 25 minutes, jusqu'à ce que la garniture soit dorée et légèrement gonflée. Laisser refroidir à température ambiante pendant 15 minutes avant de servir.

TARTE À LA MOUSSE DE BANANES ET À LA CARDAMOME

6 PORTIONS

- 3 tasses (750 ml) de flocons de maïs (de type Corn Flake's), émiettés
- 1/2 tasse (120 ml) de sucre
- 1 c. à table (15 ml) de zeste de lime
- 1 c. à thé (5 ml) et 3/4 c. à thé (4 ml) de cardamome moulue
- 6 c. à table (90 ml) de beurre fondu
- 8 bananes
- 3 c. à table (45 ml) de sucre glace
- 1/4 c. à thé (1 ml) de cannelle moulue
- 2/3 tasse (160 ml) de crème à fouetter (35 %)
- 3 blancs d'œufs
- 1 recette de pâte brisée, cuite (p. 10)
- 1 c. à table (15 ml) de beurre

1. Dans un bol, mélanger les flocons de maïs, 1/4 tasse (60 ml) de sucre, le zeste de lime, 1 c. à thé (5 ml) de cardamome et le beurre fondu. Presser dans le fond d'un moule et réfrigérer pendant 30 minutes. 2. Au robot culinaire, réduire 6 bananes et le sucre glace en purée fine. Mélanger avec la cannelle et 1/2 c. à thé (2 ml) de cardamome. 3. Dans un bol, fouetter la crème jusqu'à formation de pics fermes. Incorporer délicatement la purée de bananes. 4. Dans un bol, fouetter les blancs d'œufs jusqu'à formation de pics fermes. Verser dans la préparation aux bananes et plier délicatement en soulevant la masse. Verser dans la croûte et réfrigérer pendant 2 heures. 5. Dans un poêlon, à feu doux, faire fondre le beurre avec le reste du sucre et laisser caraméliser. Couper les bananes restantes en deux sur la longueur, puis en tronçons. Mélanger avec le caramel et ajouter 3/4 c. à thé (4 ml) de cardamome. Retirer du feu et bien remuer. Déposer sur la mousse et servir immédiatement.

TARTE À LA MOUSSE DE BANANE PERLÉE

4 PORTIONS

- 1/3 tasse (80 ml) de perles de tapioca
- 4 gouttes de colorant alimentaire vert
- 2 grosses bananes, en rondelles
- 3 c. à table (45 ml) de sucre
- 2 c. à thé (10 ml) de jus de citron
- 8 oz (225 g) de fromage mascarpone
- 5 c. à table (75 ml) de sucre glace
- 2 blancs d'œufs
- 1 recette de pâte sucrée rose, cuite (p. 12)

1. Dans une casserole d'eau bouillante, cuire le tapioca avec le colorant alimentaire pendant 15 minutes en remuant de temps à autre. Égoutter et réserver. 2. Au robot culinaire, mélanger les bananes avec le sucre et le jus de citron. 3. Dans un bol, fouetter le mascarpone avec 3 c. à table (45 ml) de sucre glace pendant 3 minutes. Incorporer la purée de bananes en pliant la masse. Ajouter délicatement la moitié des perles de tapioca. 4. Fouetter les blancs d'œufs avec le reste du sucre glace jusqu'à formation de pics fermes. Verser sur la préparation à la banane et plier délicatement en soulevant la masse. Étaler uniformément dans la croûte. 5. Couvrir du reste du tapioca et réfrigérer pendant 1 heure avant de servir.

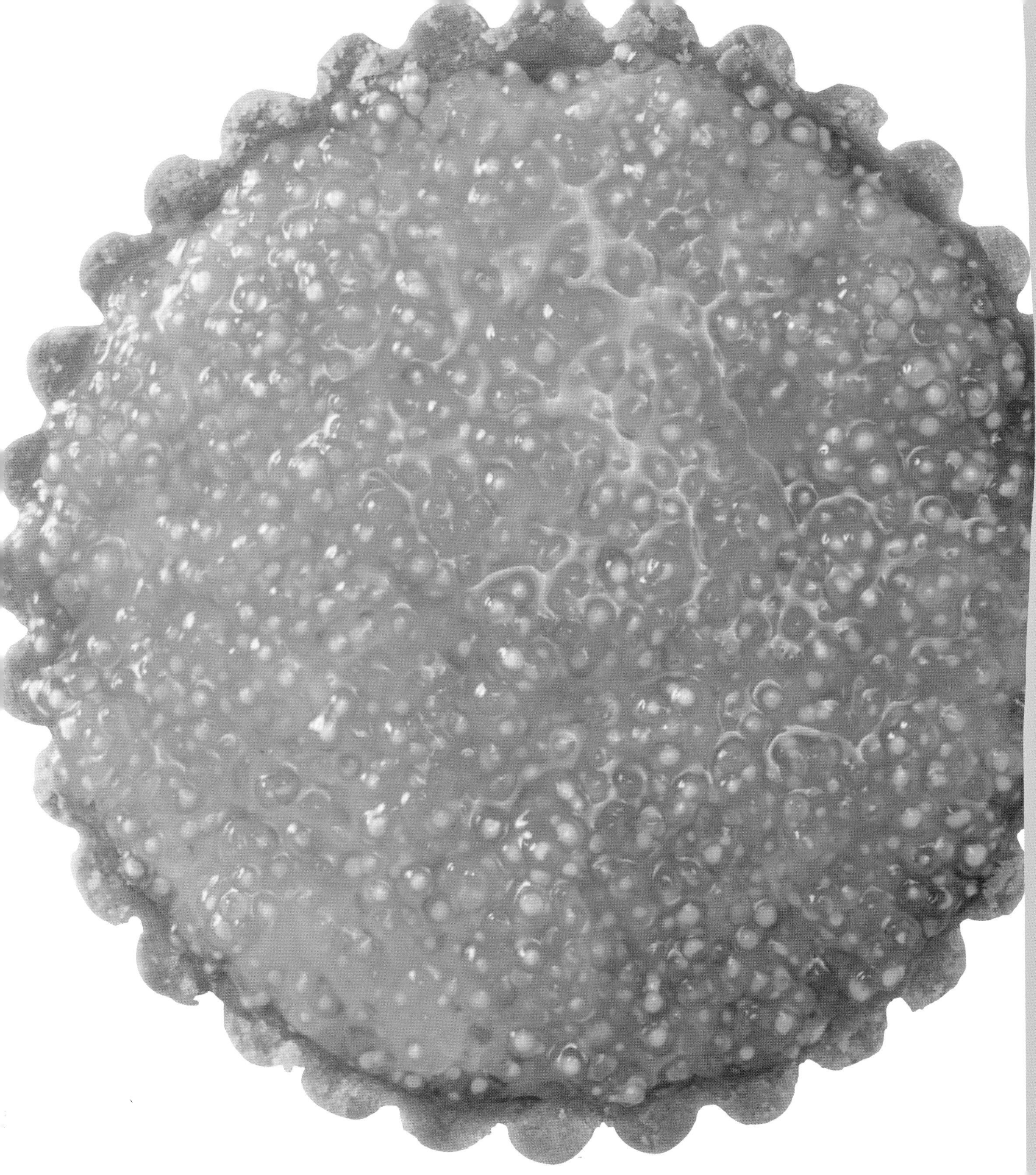

TARTE AUX POIRES ET AU CHEDDAR

4 PORTIONS

- 1 c. à table (15 ml) de beurre
- 6 poires, pelées et coupées en dés
- 1/2 tasse (125 ml) de jus d'orange
- 1/4 tasse (60 ml) de sucre
- 1 recette de pâte sablée au cheddar, cuite (p. 14)
- 7 oz (200 g) de cheddar, râpé

1. Préchauffer le four à 375 °F (190 °C). 2. Dans un poêlon, chauffer le beurre et faire revenir les poires pendant 2 minutes. Ajouter le jus d'orange et saupoudrer de sucre. Laisser caraméliser légèrement et verser dans la croûte. 3. Couvrir la tarte de cheddar et cuire au four environ 10 minutes, jusqu'à ce qu'il soit fondu. Servir immédiatement.

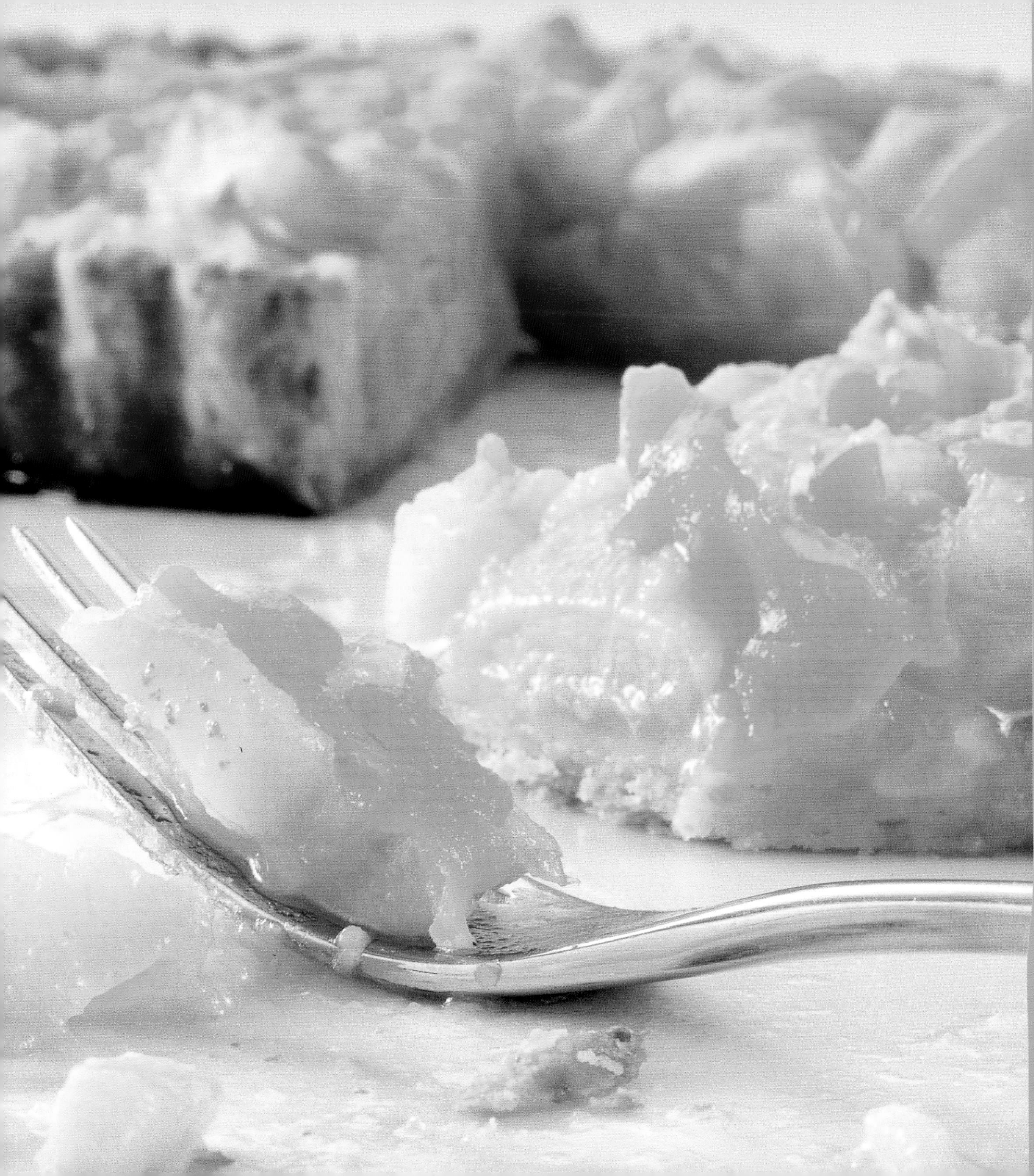

TARTE AUX POIRES À LA VANILLE ET AUX PÉTALES DE PENSÉE

8 PORTIONS

- 1/2 tasse (125 ml) de crème à fouetter (35 %)
- 2 tasses (500 ml) de pouding à la vanille préparé
- 1 recette de croûte aux petits-beurre (p. 15)
- 3 c. à table (45 ml) de sucre
- 6 poires pochées ou en conserve, en quartiers
- 4 ou 5 pensées, défaites en pétales

1. Dans un bol, fouetter la crème jusqu'à formation de pics fermes. Mélanger avec le pouding à la vanille. Verser dans la croûte et réfrigérer pendant 1 heure. 2. Dans un poêlon, faire fondre le sucre dans 3 c. à table (45 ml) d'eau. Laisser caraméliser quelques minutes et retirer du feu. Ajouter les poires et bien les enrober de caramel. Disposer sur la tarte. 3. Garnir de pétales de pensée et servir immédiatement.

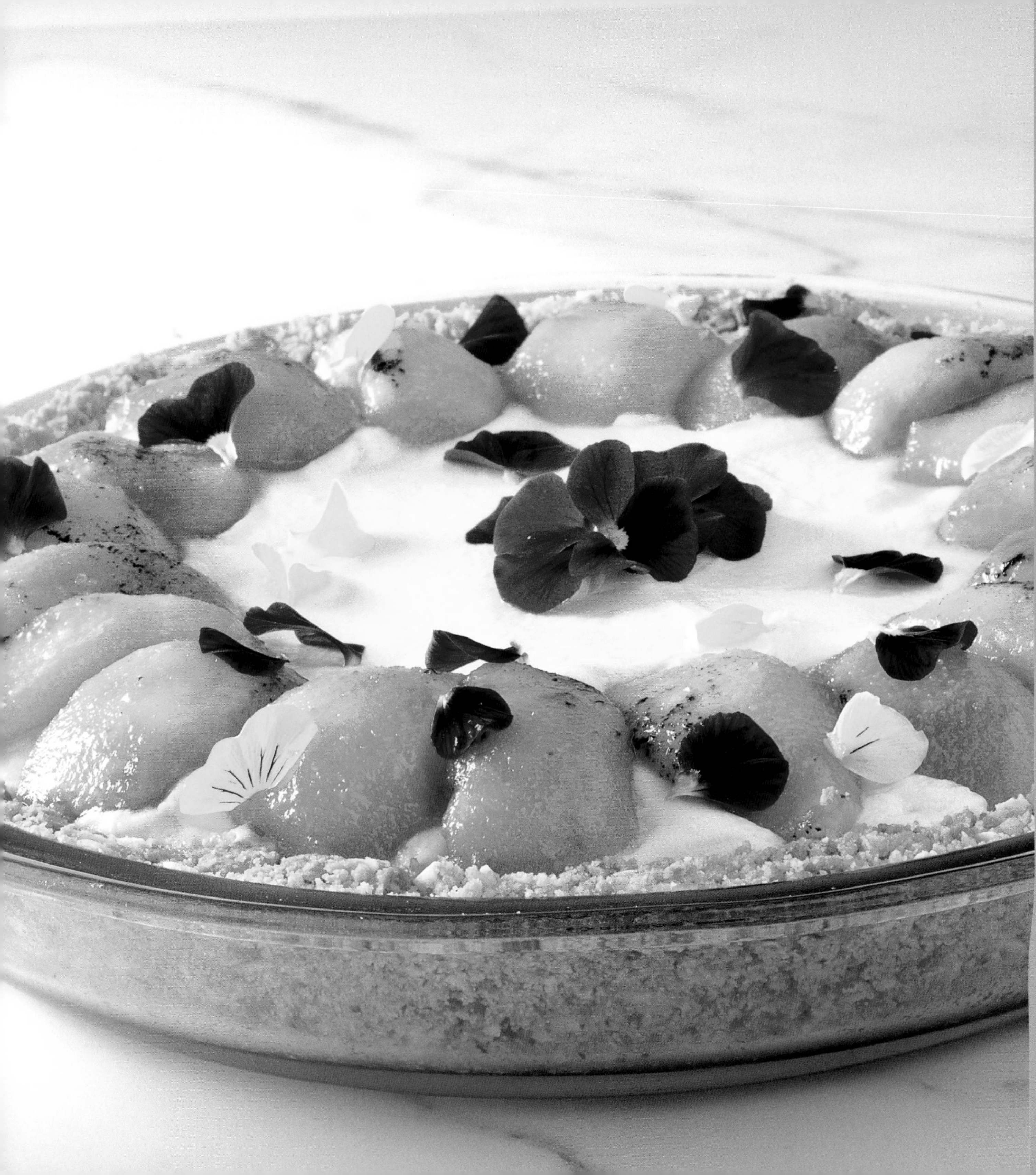

TARTELETTES AUX CERISES TRADITIONNELLES

8 PORTIONS

- 3 tasses (750 ml) de cerises en conserve
- 1/2 tasse (125 ml) de fécule de maïs
- 3/4 tasse (180 ml) de sucre
- 1/2 c. à thé (2 ml) d'extrait d'amande
- 1 recette double de pâte brisée (p. 10)
- 2 c. à table (30 ml) de beurre, en petits dés
- 1 œuf, battu dans 2 c. à thé (10 ml) d'eau

1. Préchauffer le four à 400 °F (200 °C). **2.** Égoutter les cerises dans une passoire placée au-dessus d'une casserole, puis les réserver dans un bol. **3.** Dans la même casserole, ajouter la fécule de maïs, le sucre et l'extrait d'amande. Mélanger et cuire à feu moyen pendant 7 minutes. Incorporer les cerises et retirer du feu. Laisser refroidir complètement. **4.** Abaisser la moitié de la pâte et la presser dans 8 moules à tartelettes ou à muffins. Réfrigérer pendant 30 minutes. Abaisser la pâte restante et y découper 8 petits cercles. Réserver. **5.** Répartir la préparation aux cerises dans les moules et ajouter quelques dés de beurre. Couvrir chaque tartelette d'un cercle de pâte. Presser doucement les bords pour bien sceller. À l'aide d'un petit couteau, faire quelques entailles sur le dessus. Badigeonner la pâte d'œuf battu. **6.** Cuire au four environ 10 minutes. Baisser la température à 350 °F (180 °C) et cuire environ 20 minutes, jusqu'à ce que la pâte soit dorée et que la garniture soit bouillonnante. Laisser refroidir sur une grille pendant 15 minutes avant de démouler.

SI ON UTILISE DES CERISES EN CONSERVE,
IL FAUT LES LAISSER ÉGOUTTER PENDANT
1 HEURE DANS UN TAMIS POSÉ SUR UN BOL
AFIN D'ÉLIMINER LE PLUS DE LIQUIDE
POSSIBLE. ● CETTE TARTE PEUT ÊTRE FAITE
2 JOURS À L'AVANCE ET RÉFRIGÉRÉE
JUSQU'AU MOMENT DE SERVIR.

TARTE FORÊT-NOIRE

6 PORTIONS

- 1 abaisse de pâte sablée au chocolat (p. 13)
- 14 oz (400 g) de cerises fraîches ou en conserve, dénoyautées
- 3 c. à table (45 ml) de fécule de maïs
- 3/4 tasse (180 ml) de sucre
- 1/2 c. à thé (2 ml) d'extrait de vanille
- 1/2 recette de frangipane (p. 16)
- 2 c. à table (30 ml) de grains de chocolat

1. Presser l'abaisse dans un moule à tarte et réfrigérer pendant 30 minutes. 2. Dans un bol, mélanger les cerises, la fécule de maïs, le sucre et la vanille. Laisser reposer 20 minutes, puis répartir sur la pâte. 3. Préchauffer le four à 350 °F (180 °C). 4. Couvrir la tarte de frangipane et parsemer de grains de chocolat. 5. Cuire au four environ 45 minutes, jusqu'à ce que la garniture soit dorée et ferme. Laisser refroidir complètement à température ambiante avant de servir.

CERISE

ON PEUT REMPLACER LA MÉLISSE PAR DE LA MENTHE OU DU ZESTE DE CITRON.

TARTE AU MELON ET À LA MÉLISSE

4 PORTIONS

- 1 cantaloup
- 1/2 melon miel
- 1 c. à table (15 ml) de sucre
- 1 c. à table (15 ml) de jus d'orange
- 1 tasse (250 ml) de crème à fouetter (35 %)
- 2 c. à table (30 ml) de sucre glace
- 1 c. à thé (5 ml) de thé matcha non infusé
- 1 recette de pâte brisée à la noix de coco cuite (p. 11)
- 2 c. à table (30 ml) de mélisse fraîche, hachée
- 1 c. à table (15 ml) de zeste d'orange
- 2 c. à table (30 ml) de miel

1. À l'aide d'une cuillère parisienne, prélever des boules de cantaloup et de melon miel. Déposer dans un bol, saupoudrer de sucre et arroser de jus d'orange. 2. Dans un autre bol, fouetter la crème, le sucre glace et le thé jusqu'à formation de pics fermes. Incorporer la mélisse. Verser dans la croûte et lisser le dessus. Parsemer de zeste. 3. Égoutter les boules de melon sur du papier absorbant, puis les répartir sur la crème. Réfrigérer pendant 1 heure. Arroser de miel et servir immédiatement.

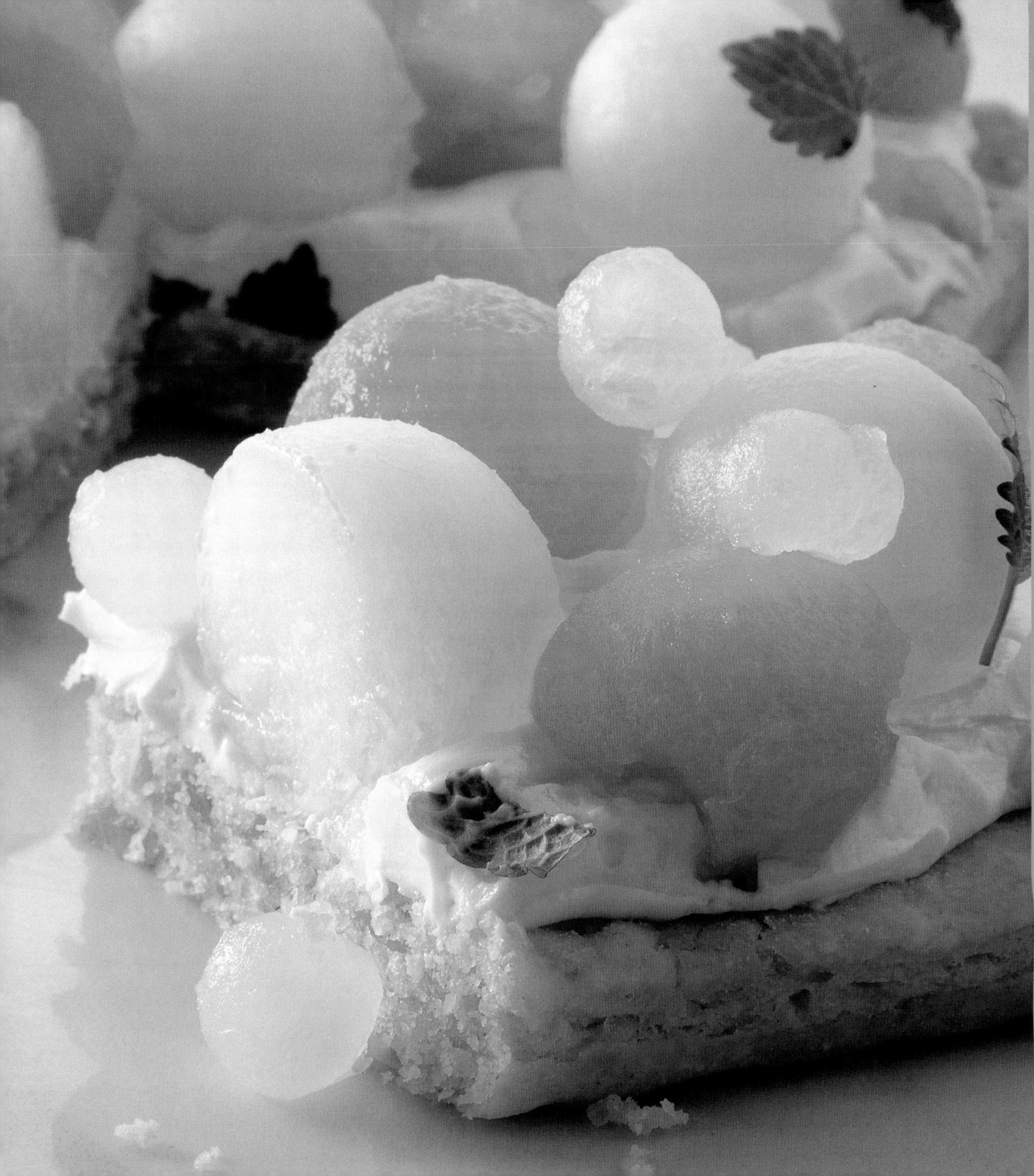

TARTE AU CANTALOUP ET AU POIVRE

4 PORTIONS

- 1 abaisse de pâte brisée (p. 10)
- 1 gros cantaloup, en tranches
- 1 c. à thé (5 ml) de poivre noir du moulin
- 1/4 tasse (60 ml) de sucre
- 3 c. à table (45 ml) de fécule de maïs
- 2 œufs
- 1/2 tasse (125 ml) de crème à fouetter (35 %)

1. Presser l'abaisse dans un moule à fond amovible et réfrigérer pendant 30 minutes. 2. Préchauffer le four à 375 °F (190 °C). 3. Disposer les tranches de cantaloup sur la pâte et saupoudrer de poivre. 4. Dans un bol, mélanger le sucre, la fécule de maïs, les œufs et la crème. Verser dans le moule. 5. Cuire au four environ 40 minutes, jusqu'à ce que la pâte soit dorée et que la garniture soit prise. Laisser refroidir à température ambiante pendant 2 heures avant de servir.

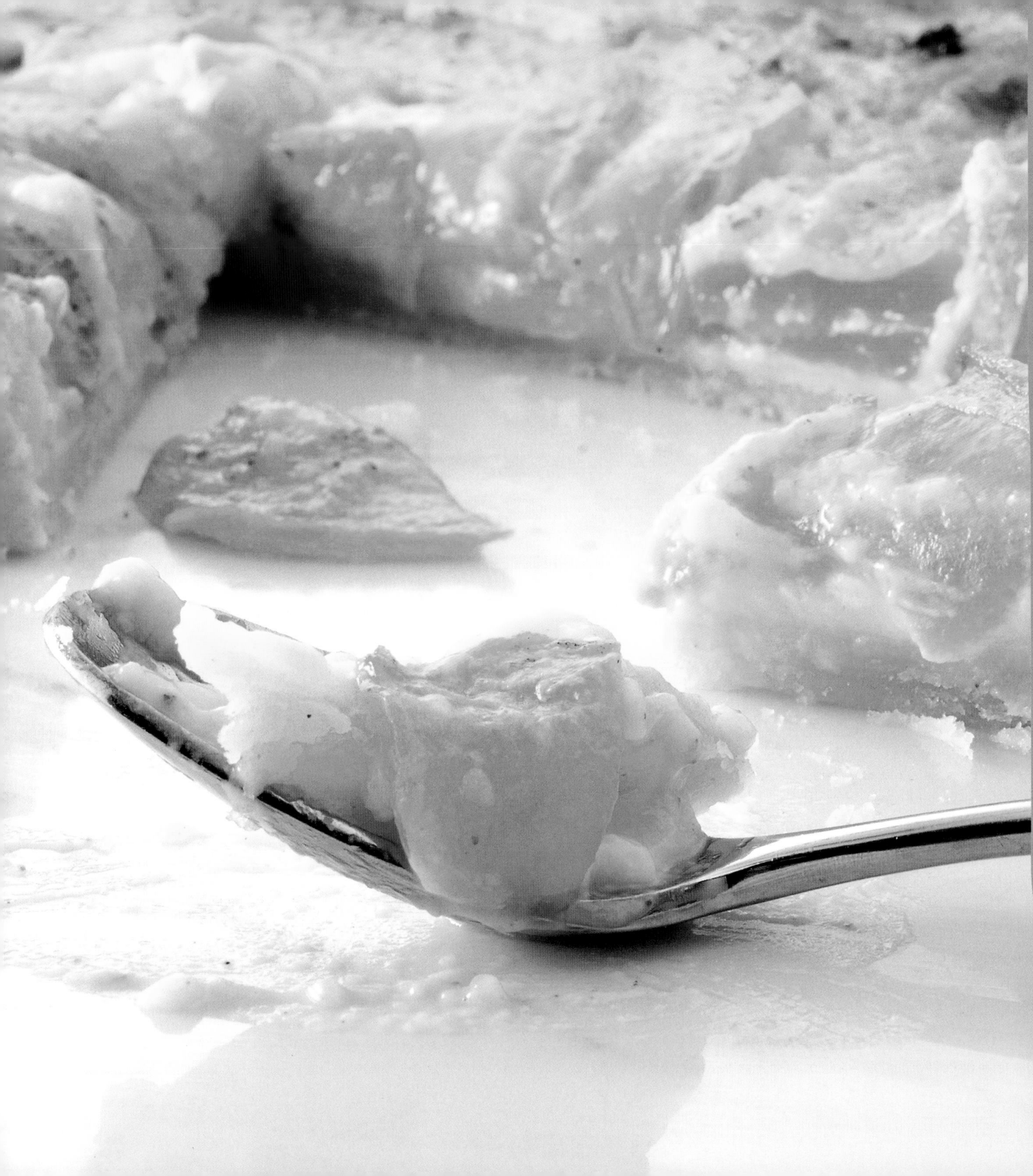

TARTE AUX CANNEBERGES CARAMÉLISÉES

8 PORTIONS

- 1 recette de pâte brisée cuite (p. 10)
- 2 c. à table (30 ml) d'eau
- 1 1/2 tasse (375 ml) de sucre
- 1 tasse (250 ml) de crème à fouetter (35 %)
- 1 1/2 tasse (375 ml) de canneberges surgelées
- 1 c. à table (15 ml) de zeste de lime
- 1/2 tasse (125 ml) d'amandes effilées
- 1/2 tasse (125 ml) de noisettes, hachées

À LA FOIS DOUCE ET ACIDULÉE, CETTE TARTE SURPRENDRA À COUP SÛR.

1. Préchauffer le four à 350 °F (180 °C). **2.** Dans une casserole, chauffer l'eau et le sucre, puis porter à ébullition et laisser caraméliser sans remuer. Cuire à feu moyen jusqu'à ce que le caramel soit légèrement doré. Retirer du feu et verser la crème lentement en remuant au fouet. Ajouter les canneberges, le zeste, les amandes et les noisettes. Mélanger et verser dans la croûte. **3.** Cuire au four environ 20 minutes, jusqu'à ce que la garniture soit bouillonnante. Laisser refroidir à température ambiante pendant 45 minutes avant de servir.

UNE BELLE RECETTE DE GRAND-MÈRE POUR LE TEMPS DES FÊTES.

TARTE AUX CANNEBERGES, AUX AMANDES ET À L'ANIS

6 PORTIONS

- 3/4 tasse (180 ml) de jus de canneberge
- 3/4 tasse (180 ml) de sucre
- 3 tasses (750 ml) de canneberges surgelées
- 1 c. à table (15 ml) de graines d'anis vert
- 1 abaisse de pâte brisée (p. 10)
- 1 recette de frangipane (p. 16)
- 1/3 tasse (80 ml) d'amandes effilées

1. Dans une casserole, porter à ébullition le jus de canneberge avec le sucre, les canneberges et l'anis. Baisser le feu et laisser compoter pendant 20 minutes. Retirer du feu et laisser refroidir complètement. **2.** Presser l'abaisse dans un moule à tarte et réfrigérer pendant 30 minutes. **3.** Préchauffer le four à 375 °F (190 °C). **4.** Verser la compote de canneberges dans la pâte, puis couvrir de frangipane et d'amandes. **5.** Cuire au four environ 45 minutes, jusqu'à ce que la garniture soit ferme. Laisser refroidir complètement à température ambiante avant de servir.

TARTE À LA FERLOUCHE TRADITIONNELLE

6 PORTIONS

- 1 tasse (250 ml) de mélasse
- 1 tasse (250 ml) d'eau
- 1/2 tasse (125 ml) de cassonade
- 1/4 c. à thé (1 ml) de muscade moulue
- 1/4 tasse (60 ml) de fécule de maïs
- 1/4 tasse (60 ml) d'eau froide
- 2 c. à table (30 ml) de beurre
- 1/4 tasse (60 ml) de raisins secs (facultatif)
- 1 recette de pâte brisée cuite (p. 10)

1. Dans une casserole, porter à ébullition la mélasse et l'eau avec la cassonade et la muscade. Baisser la température à feu doux.

2. Délayer la fécule de maïs dans l'eau froide. Verser dans la casserole et mélanger. Cuire en remuant à l'aide d'un fouet jusqu'à épaississement. Incorporer le beurre et les raisins secs. 3. Verser la préparation dans la croûte. Laisser refroidir à température ambiante pendant 2 heures avant de servir.

CETTE TARTE ÉNERGISANTE EST AUSSI EXCELLENTE LE MATIN.

TARTE RÉVEILLE-MATIN AU CAFÉ

4 PORTIONS

- 2 tasses (500 ml) de flocons de maïs
- 1/2 tasse (125 ml) de sucre
- 1/2 tasse (125 ml) de beurre, fondu
- 2 tasses (500 ml) de glace au café
- 2 c. à thé (10 ml) d'espresso en poudre

1. Dans un bol, mélanger les flocons de maïs, le sucre et le beurre. Avec les doigts, presser la préparation dans un moule à tarte en la tassant bien. Réfrigérer pendant 1 heure. **2.** Laisser ramollir la glace au café au réfrigérateur pendant 30 minutes, puis la verser dans la croûte. Réserver au congélateur pendant 2 heures ou jusqu'au moment de servir. **3.** Saupoudrer la tarte d'espresso en poudre et servir immédiatement.

IL EST PRÉFÉRABLE DE NE PAS DÉNOYAUTER LES PRUNEAUX POUR QU'ILS TIENNENT BIEN EN PLACE SUR LES TARTELETTES. ■ SERVEZ CE DESSERT AVEC UN VERRE DE COGNAC OU UNE TASSE DE THÉ APRÈS LE SKI OU À UN GOÛTER DE FIN D'APRÈS-MIDI.

TARTELETTES À LA FRANGIPANE, AUX PRUNEAUX ET AU POIVRE VERT

6 PORTIONS

- 1 abaisse de pâte sablée au chocolat (p. 13)
- 1 recette de frangipane (p. 16)
- 2 c. à table (30 ml) de cognac ou d'armagnac
- 2 c. à table (30 ml) de poivre vert moulu
- 6 pruneaux en conserve, non dénoyautés
- 2 c. à table (30 ml) de sucre glace

1. Presser la pâte dans 6 moules à tartelettes et réfrigérer pendant 30 minutes. **2.** Préchauffer le four à 350 °F (180 °C). **3.** Dans un bol, mélanger la frangipane, le cognac et le poivre vert. Répartir dans les moules. Déposer un pruneau au centre de chaque tartelette. **4.** Cuire au four environ 40 minutes, jusqu'à ce que la garniture soit ferme. Laisser refroidir à température ambiante pendant 30 minutes. Saupoudrer de sucre glace et servir.

TARTELETTES SAUTERELLES

4 PORTIONS

- 8 oz (225 g) de chocolat noir 70 %, râpé
- 2 tasses (500 ml) de crème à fouetter (35 %)
- 1 c. à thé (5 ml) de beurre
- 1 recette de pâte sablée, cuite dans 4 moules à tartelettes (p. 13)
- 16 grosses guimauves
- 1/2 tasse (125 ml) de crème de menthe verte

1. Déposer 7 oz (200 g) de chocolat dans un bol résistant à la chaleur. Dans une casserole, chauffer 1 tasse (250 ml) de crème. Verser sur le chocolat et mélanger jusqu'à ce qu'il soit fondu et luisant. Ajouter le beurre et bien mélanger. Verser dans les croûtes et réfrigérer pendant 2 heures. 2. Déposer les guimauves dans un bol et cuire au micro-ondes pendant 40 secondes. Retirer du micro-ondes et mélanger jusqu'à ce qu'elles soient fondues. Incorporer rapidement la crème de menthe. 3. Dans un bol, fouetter le reste de la crème jusqu'à formation de pics fermes. Plier délicatement dans la préparation à la guimauve. Verser dans les croûtes et réfrigérer pendant 1 heure. 4. Faire fondre le reste du chocolat au micro-ondes et en arroser les tartelettes. Servir immédiatement ou réfrigérer.

CETTE TARTE GLACÉE PEUT ÊTRE PRÉPARÉE PLUSIEURS JOURS À L'AVANCE ET NAPPÉE DE SAUCE AU CHOCOLAT JUSTE AVANT LE SERVICE. ■ L'ÉTÉ, SERVIE AVEC DES FRAISES FRAÎCHES, ELLE EST DES PLUS RAFRAÎCHISSANTES.

TARTE À LA GLACE NAPOLITAINE

8 PORTIONS

- 1 lb (500 g) de glace à la vanille
- 1 lb (500 g) de glace ou de sorbet aux fraises
- 1 lb (500 g) de glace au chocolat
- 1 recette de pâte sablée au chocolat cuite (p. 13)
- 7 oz (200 g) de chocolat noir 70 %, râpé
- 1/2 tasse (125 ml) de crème à fouetter (35 %)

1. Laisser ramollir les glaces au réfrigérateur pendant 30 minutes. **2.** Verser la glace à la vanille dans la croûte refroidie. Lisser le dessus et réserver au congélateur pendant 10 minutes. Verser la glace aux fraises sur la glace à la vanille. Lisser et remettre au congélateur pendant 10 minutes. Verser la glace au chocolat sur la glace aux fraises. Lisser et garder au congélateur pendant 4 heures. **3.** Déposer le chocolat dans un bol résistant à la chaleur. Dans une petite casserole, chauffer la crème sans laisser bouillir. Verser sur le chocolat et mélanger jusqu'à ce qu'il soit fondu. Verser sur la tarte congelée et servir immédiatement.

155

TARTE AUX FRUITS À LA MODE BERBÈRE

4 PORTIONS

- 1 abaisse de pâte feuilletée du commerce ou de pâte semi-feuilletée (p. 12)
- 12 dattes Medjool, en quartiers
- 1/2 tasse (125 ml) de raisins secs
- 6 abricots, dénoyautés et coupés en quartiers
- 2 oranges, pelées et coupées en quartiers
- 3 c. à table (45 ml) de cassonade
- 12 amandes entières
- 1/2 c. à thé (2 ml) de cannelle moulue
- 1/2 c. à thé (2 ml) de cardamome moulue
- 1 pincée de clou de girofle moulu
- 2 c. à table (30 ml) de sucre
- 1 c. à table (15 ml) de beurre, en petits dés
- 1 jaune d'œuf, battu dans 1 c. à table (15 ml) d'eau

1. Préchauffer le four à 400 °F (200 °C). **2.** Déposer la pâte feuilletée sur une plaque à pâtisserie couverte de papier-parchemin. **3.** Dans un bol, mélanger les dattes, les raisins secs, les abricots, les oranges, la cassonade, les amandes et les épices. Répartir uniformément sur la pâte en laissant une large bordure vide tout autour. Saupoudrer de sucre et parsemer de dés de beurre. Replier la pâte autour de la garniture en laissant le centre découvert. Badigeonner la pâte de jaune d'œuf battu. **4.** Cuire au four environ 30 minutes, jusqu'à ce que la pâte soit bien dorée. Laisser refroidir à température ambiante pendant 15 minutes avant de servir.

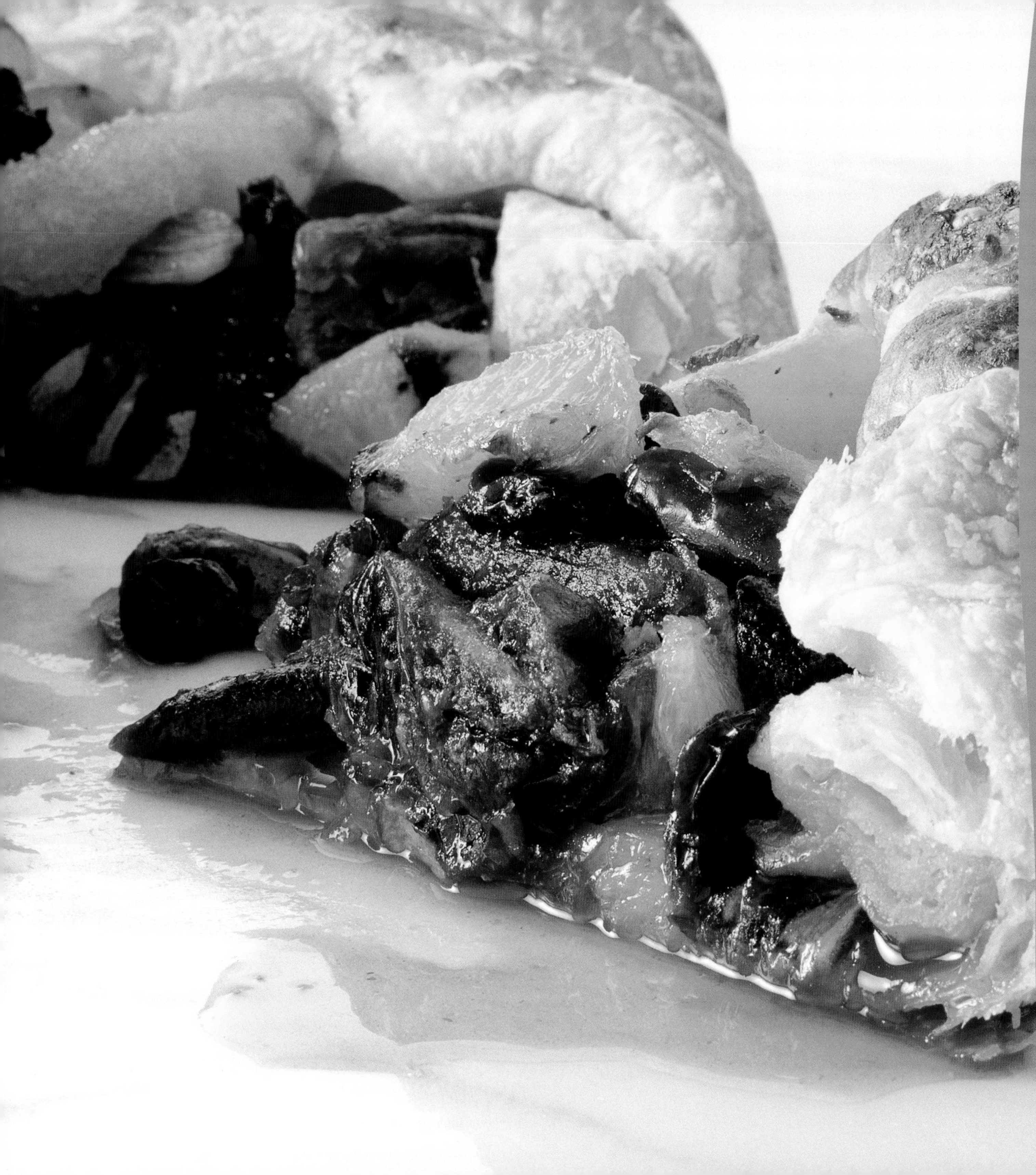

POUR DÉCORER LES TARTELETTES D'ÉTOILES, IL SUFFIT DE DÉCOUPER DES ÉTOILES DANS DU PAPIER-PARCHEMIN, DE POSER LE PAPIER SUR LES TARTELETTES ET DE SAUPOUDRER DE CACAO OU DE SUCRE GLACE, AUQUEL ON PEUT AJOUTER UNE PINCÉE DE CANNELLE OU DE MUSCADE POUR VARIER LES SAVEURS. ● CE DESSERT, IDÉAL POUR LES BOÎTES À LUNCH, SE CONSERVE AU RÉFRIGÉRATEUR PENDANT PLUSIEURS JOURS.

TARTELETTES À LA VANILLE ET AU CHOCOLAT

4 PORTIONS

- 2 abaisses de pâte sablée (p. 13)
- 6 jaunes d'œufs
- 2/3 tasse (160 ml) de sucre
- 1 c. à thé (5 ml) d'extrait de vanille
- 1 tasse (250 ml) de crème à fouetter (35 %)
- 1 gousse de vanille, fendue en deux
- 2 c. à table (30 ml) de poudre de cacao ou de sucre glace

1. Presser la pâte dans 4 moules à tartelettes. Piquer le fond à la fourchette et réfrigérer pendant 30 minutes. **2.** Préchauffer le four à 375 °F (190 °C). **3.** Dans un bol, fouetter les jaunes d'œufs avec le sucre et la vanille jusqu'à consistance mousseuse. **4.** Dans une casserole, à feu doux, porter à ébullition la crème avec la gousse de vanille. Retirer du feu et laisser infuser 15 minutes. Retirer la gousse. **5.** Verser la crème vanillée sur le mélange d'œufs et de sucre et fouetter pendant 3 minutes. Verser dans les fonds de tartelettes. **6.** Cuire au four environ 35 minutes, jusqu'à ce que la garniture soit ferme. Laisser refroidir complètement à température ambiante. Saupoudrer de cacao et servir.

TARTE AUX PETITS FRUITS ET AU FROMAGE

6 PORTIONS

- 1 tasse (250 ml) de fromage à la crème
- 3/4 tasse (180 ml) de lait concentré sucré
- 3 c. à table (45 ml) de jus de citron
- 1/4 c. à thé (1 ml) d'extrait de vanille
- 1 recette de pâte brisée au fromage à la crème cuite (p. 11)
- 1 1/4 tasse (310 ml) de framboises fraîches
- 1 tasse (250 ml) de mûres fraîches
- 1/3 tasse (80 ml) de bleuets frais
- 1/4 tasse (60 ml) de gelée de groseilles

> CETTE TARTE PEUT ÊTRE PRÉPARÉE LA VEILLE. ● ON PEUT REMPLACER LES PETITS FRUITS PAR DES PÊCHES OU DES ABRICOTS FRAIS, ET LA GELÉE DE GROSEILLES PAR DE LA GELÉE D'ABRICOTS.

1. Dans un bol, au batteur électrique, mélanger le fromage à la crème, le lait concentré et le jus de citron pendant 3 minutes. Incorporer la vanille. **2.** Verser la préparation dans la croûte. Lisser le dessus et réfrigérer pendant 2 heures. **3.** Garnir de petits fruits et badigeonner de gelée de groseilles. Réfrigérer pendant 30 minutes avant de servir.

TARTE-BROWNIE

6 PORTIONS

- 1 abaisse de pâte sablée (p. 13)
- 3 œufs
- 1 tasse (250 ml) de sucre
- 2 c. à thé (10 ml) d'extrait de vanille
- 3 1/2 oz (100 g) de chocolat noir 70 %, râpé
- 3/4 tasse (180 ml) de beurre
- 3/4 tasse (180 ml) de poudre de cacao
- 1 tasse (250 ml) de farine
- 1/2 c. à thé (2 ml) de levure chimique (poudre à pâte)
- 3 1/2 oz (100 g) de chocolat noir 70 %, en morceaux

1. Presser la pâte dans un moule à tarte à fond amovible et réfrigérer pendant 30 minutes. 2. Préchauffer le four à 350 °F (180 °C). 3. Dans un bol, fouetter les œufs avec le sucre et la vanille jusqu'à ce qu'ils pâlissent. 4. Au bain-marie, à feu doux, faire fondre le chocolat râpé dans le beurre. Ajouter le cacao et bien remuer. Verser sur les œufs et mélanger. Incorporer la farine et la levure chimique. 5. Verser la préparation dans la croûte et y enfoncer les morceaux de chocolat. Cuire au four environ 30 minutes. (Ne pas trop cuire, le centre du brownie doit rester légèrement humide.) Laisser reposer à température ambiante pendant 30 minutes avant de servir.

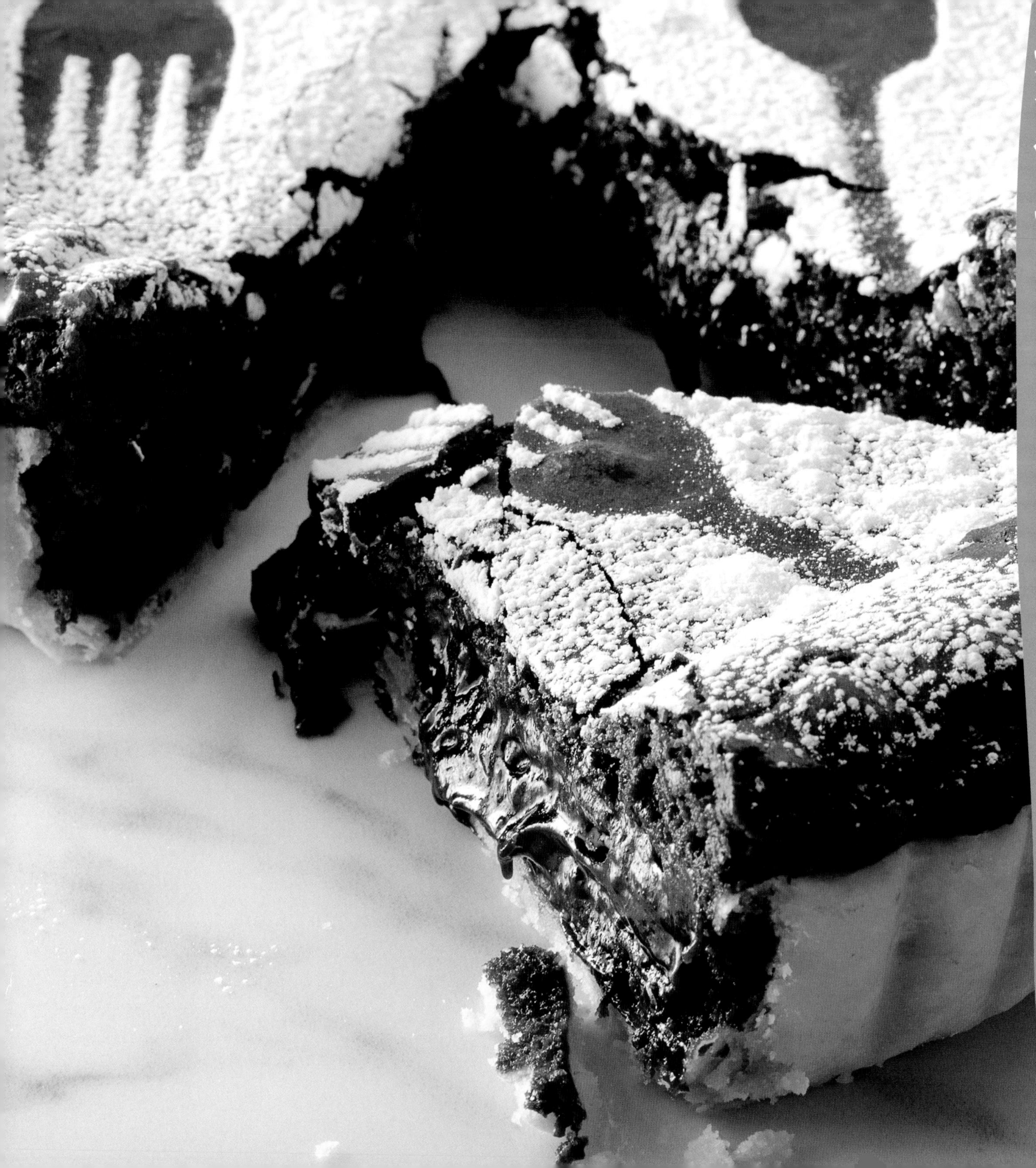

LA PÂTE ET LA CRÈME PÂTISSIÈRE PEUVENT ÊTRE PRÉPARÉES LA VEILLE. GARDEZ LA PREMIÈRE À TEMPÉRATURE AMBIANTE ET LA SECONDE AU RÉFRIGÉRATEUR.

TARTELETTES AUX DEUX ORANGES

4 PORTIONS

- 1 recette de crème pâtissière (p. 16)
- 2 c. à table (30 ml) de zeste d'orange
- 2 c. à table (30 ml) de liqueur d'orange
- 1 recette de croûte aux noix cuite dans 4 moules à tartelettes (p. 14)
- 4 oranges navels, pelées à vif et défaites en quartiers
- 3 oranges sanguines, pelées à vif et défaites en quartiers

1. Dans un bol, mélanger la crème pâtissière, le zeste et la liqueur d'orange. Répartir dans les croûtes. **2.** Garnir d'oranges navels et sanguines et servir immédiatement.

162

POUR TERMINER UN REPAS GASTRONOMIQUE SUR UNE NOTE LÉGÈRE, MAIS NÉANMOINS SPECTACULAIRE, C'EST LE DESSERT IDÉAL.

TARTE AUX RAISINS ROUGES

8 PORTIONS

- 3 c. à table (45 ml) d'eau
- 3 c. à table (45 ml) de gélatine neutre en poudre
- 2 tasses (500 ml) de vin de glace
- 2 c. à table (30 ml) de sucre
- 14 oz (400 g) de raisins rouges sans pépins, froids et coupés en deux
- 1 recette de pâte brisée cuite (p. 10)

Décoration (facultatif):

- 1 grappe de raisins rouges
- 2 c. à table (30 ml) de sucre fin

1. Dans une casserole, porter l'eau à ébullition avec la gélatine en remuant à l'aide d'un fouet. Retirer du feu. Ajouter le vin de glace et le sucre et continuer de fouetter pendant 1 minute. Laisser refroidir complètement. 2. Déposer les raisins dans la croûte. Couvrir de la préparation au vin et réfrigérer pendant 3 heures. 3. Décoration : Si désiré, enrober légèrement la grappe de raisins de sucre fin et déposer sur la tarte.

TARTELETTES AUX LITCHIS ET AU SÉSAME NOIR

4 PORTIONS

- 1 tasse (250 ml) de farine tout usage
- 1/4 tasse (60 ml) de beurre non salé froid, en dés
- 1/8 c. à thé (0,5 ml) de sel
- 1/2 tasse (125 ml) de sucre
- 1 gros œuf, battu
- 3 c. à table (45 ml) de graines de sésame noir
- 2 tasses (500 ml) de litchis en conserve, égouttés
- 2 feuilles de gélatine
- 1/2 tasse (125 ml) de crème à fouetter (35 %)
- 2 c. à table (30 ml) de sucre

1. Au robot culinaire, mélanger la farine, le beurre, le sel et le sucre environ 20 secondes, jusqu'à consistance sablonneuse. Ajouter l'œuf et 2 c. à table (30 ml) de graines de sésame. Mélanger par petits coups environ 20 secondes, jusqu'à ce que le mélange se tienne bien. À l'aide du rouleau, abaisser la pâte sur une surface légèrement farinée. **2.** Avec les doigts, presser la pâte au fond et sur les côtés de 4 moules à tartelettes rectangulaires. Couvrir de pellicule plastique et réfrigérer pendant 1 heure. **3.** Au robot culinaire, réduire les litchis en purée. Verser dans une casserole et chauffer à feu doux. **4.** Dans un petit bol, ramollir les feuilles de gélatine dans un peu d'eau froide. Égoutter et faire fondre dans la purée de litchis en remuant sans cesse. Retirer du feu et laisser refroidir complètement. **5.** Préchauffer le four à 375 °F (190 °C). **6.** Cuire les croûtes au four pendant 25 minutes, jusqu'à ce qu'elles soient légèrement dorées. Laisser refroidir complètement à température ambiante. **7.** Dans un bol, fouetter la crème avec le sucre jusqu'à formation de pics fermes. Mélanger avec la préparation aux litchis. Verser dans les croûtes et parsemer du reste des graines de sésame. Réfrigérer pendant 1 heure avant de servir.

SI VOUS ÊTES FOUS DE MARRONS, GARNISSEZ CES TARTELETTES DE MORCEAUX DE MARRONS GLACÉS. ∎ ELLES SE CONSERVENT AU RÉFRIGÉRATEUR PENDANT 24 HEURES.

TARTELETTES DOUBLE MARRON

4 PORTIONS

- 125 ml (1/2 tasse) de crème à fouetter (35 %)
- 14 oz (400 g) de purée de marrons sucrée
- 1 recette double de pâte sablée, cuite dans 4 moules à tartelettes (p. 13)
- 2 c. à table (30 ml) de grains ou de billes de chocolat

1. Dans un bol, fouetter la crème jusqu'à formation de pics fermes. Ajouter la moitié de la purée de marrons et mélanger délicatement. Verser dans une poche à douille cannelée. 2. Répartir le reste de la purée de marrons dans les croûtes. Garnir le dessus d'une rosette de crème fouettée aux marrons. Parsemer de grains de chocolat. Servir immédiatement ou réfrigérer jusqu'au moment de servir.

UN DÉLICE IMBATTABLE POUR LES PETITS QUI DÉPENSENT BEAUCOUP D'ÉNERGIE ET LES GARS QUI REGARDENT LE HOCKEY. ● CETTE TARTE PEUT ÊTRE PRÉPARÉE LA VEILLE, MAIS IL FAUT AJOUTER LES BANANES ET LE CARAMEL JUSTE AVANT DE SERVIR.

TARTE DES ~~ENFANTS~~ GARS

4 PORTIONS

- 3/4 tasse (180 ml) de beurre d'arachide
- 2 c. à table (30 ml) de beurre
- 2 c. à table (30 ml) de sucre glace
- 1 recette de pâte sablée, cuite (p. 13)
- 1/4 tasse (60 ml) de confiture de fraises
- 2 bananes, en tranches
- 3 c. à table (45 ml) de sauce caramel

1. Dans un bol, fouetter le beurre d'arachide, le beurre et le sucre glace pendant 2 minutes. Verser dans la croûte et réfrigérer pendant 1 heure. 2. Couvrir d'une couche de confiture, puis garnir de bananes et de sauce caramel. Servir immédiatement.

LA PÂTE PEUT ÊTRE CUITE
LA VEILLE ET CONSERVÉE
À TEMPÉRATURE AMBIANTE.

TARTE À LA MANGUE ET AU BASILIC THAÏ

4 PORTIONS

- 1 recette de pâte sablée, cuite (p. 13)
- 3 mangues, pelées
- 2 c. à table (30 ml) de zeste d'orange
- 1/4 tasse (60 ml) de sucre
- 1/2 tasse (125 ml) de crème à fouetter (35 %)
- 3 c. à table (45 ml) de confiture d'oranges
- 1 petit bouquet de basilic thaï, effeuillé

1. Préchauffer le four à 375 °F (190 °C). **2.** Au robot culinaire, réduire une mangue en purée fine avec le zeste et le sucre. **3.** Dans un bol, fouetter la crème jusqu'à épaississement. Incorporer la purée de mangue et continuer de fouetter jusqu'à formation de pics fermes. **4.** Couvrir la croûte de confiture d'oranges et de feuilles de basilic. Remplir de crème fouettée à la mangue. **5.** Couper le reste des mangues en dés et les répartir sur la tarte. Décorer avec quelques feuilles de basilic. Servir immédiatement.

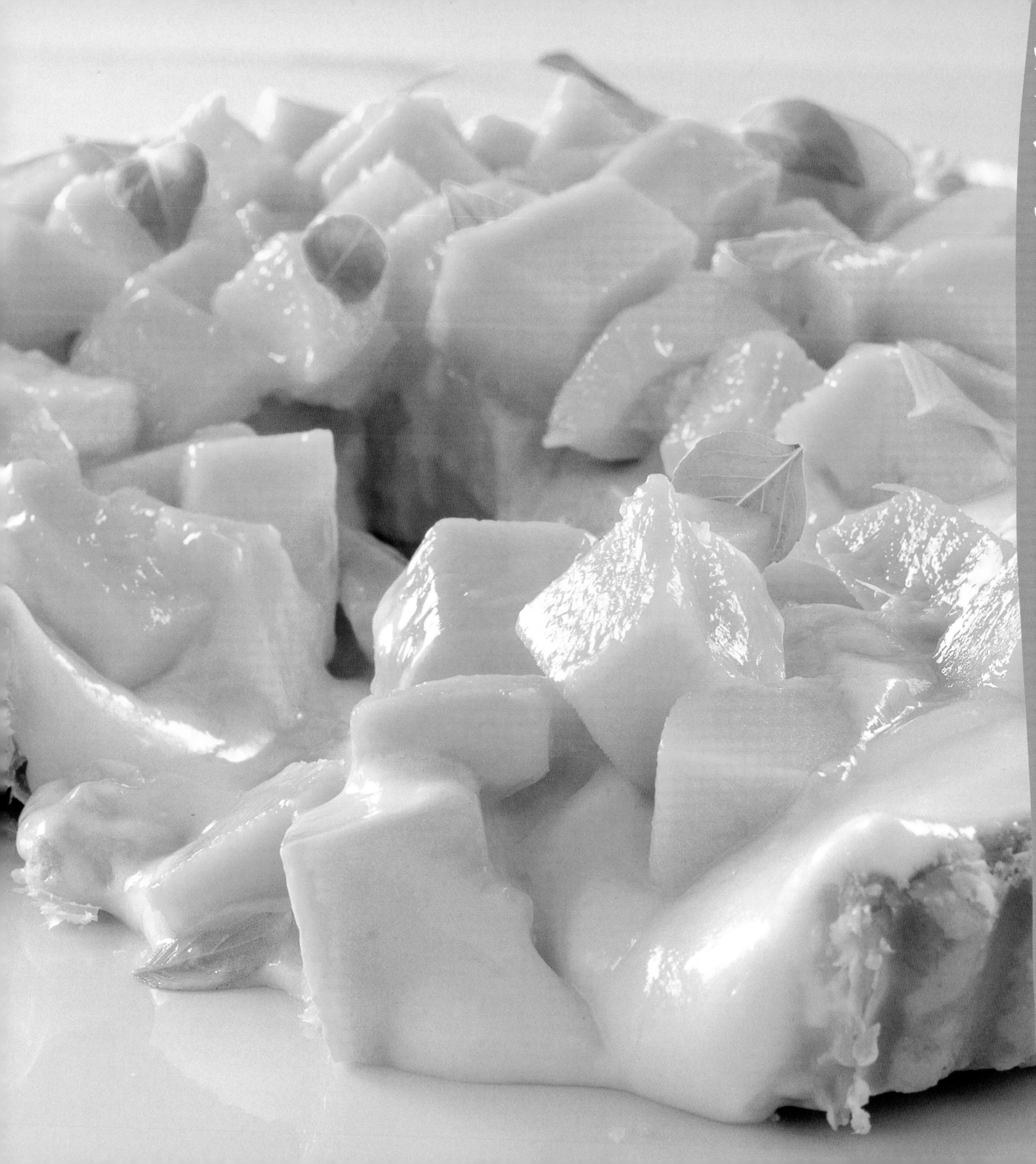

TARTE AUX PÊCHES DE MON ENFANCE

6 PORTIONS

- 1 recette double de pâte brisée (p. 10)
- 1 c. à table (15 ml) de farine
- 3 c. à table (45 ml) de fécule de maïs
- 1/2 tasse (125 ml) de sucre
- 1/2 tasse (125 ml) de cassonade
- 1 pincée de sel
- 1/2 c. à thé (2 ml) de cannelle moulue
- 1/2 c. à thé (2 ml) de muscade moulue
- 8 pêches mûres mais fermes, pelées et coupées en tranches
- 1 c. à table (15 ml) de beurre froid, en petits dés
- 1 jaune d'œuf, battu dans 1 c. à thé (5 ml) d'eau

1. Au rouleau à pâtisserie, abaisser la pâte en 2 cercles. Presser une abaisse dans un moule à tarte et réfrigérer pendant 20 minutes. 2. Préchauffer le four à 375 °F (190 °C). 3. Dans un bol, mélanger la farine, la fécule de maïs, le sucre, la cassonade, le sel et les épices. Ajouter les pêches et bien les enrober. Disposer sur la pâte refroidie. Parsemer de dés de beurre. 4. Couvrir de la deuxième abaisse. Presser doucement les bords pour bien sceller la tarte. Badigeonner de jaune d'œuf battu. Faire quelques incisions sur le dessus. 5. Cuire au four environ 45 minutes, jusqu'à ce que la pâte soit dorée et que la garniture soit bouillonnante. 6. Laisser refroidir complètement à température ambiante avant de servir.

TARTE RAPIDE AU RIZ ET À L'ANANAS

4 PORTIONS

- 14 oz (400 g) de pouding au riz maison ou du commerce
- 1 recette de pâte sablée, cuite (p. 13)
- 1 c. à table (15 ml) de beurre
- 1/4 tasse (60 ml) de sucre
- 8 tranches d'ananas au sirop
- 1/4 c. à thé (1 ml) de cardamome moulue
- 1/4 c. à thé (1 ml) d'anis étoilé moulu

> CETTE TARTE PEUT ÊTRE PRÉPARÉE LA VEILLE. ● ELLE TERMINE MAGNIFIQUEMENT LES REPAS DU DIMANCHE.

1. Étaler le pouding au riz dans la croûte et réfrigérer pendant 30 minutes. **2.** Dans un grand poêlon, à feu doux, chauffer le beurre. Ajouter le sucre et laisser caraméliser. Ajouter les ananas et saupoudrer de cardamome et d'anis étoilé. Retourner délicatement les ananas pour bien les enrober de caramel. **3.** Déposer les ananas sur le pouding au riz. Verser le reste du caramel sur la tarte. Réfrigérer pendant 30 minutes avant de servir.

TARTELETTES AUX FRUITS CLASSIQUES (JARDINIÈRES)

4 PORTIONS

- 1 recette de crème pâtissière (p. 16)
- 1 recette de pâte sablée, cuite dans 4 moules à tartelettes (p. 13)
- 1 kiwi, en tranches
- 12 gros bleuets
- 8 mûres
- 4 fraises, en tranches
- 8 framboises
- 2 abricots, pelés et coupés en deux
- 2 tranches d'ananas, en morceaux
- 2 c. à table (30 ml) de confiture d'abricots
- 3 bâtonnets d'angélique confite (pour décorer)

1. Étaler une couche de crème pâtissière dans les croûtes et garnir de fruits frais. 2. Dans une petite casserole, faire fondre la confiture. 3. À l'aide d'un pinceau, badigeonner les fruits d'un peu de confiture. Garnir des bâtonnets d'angélique confite, si désiré. Réfrigérer pendant au moins 30 minutes avant de servir.

REMERCIEMENTS

L'idée de ce livre a jailli lors d'un souper amical avec mon éditeur, Jean Paré. Des tartes traditionnelles, oui, mais il fallait aussi faire place à des saveurs nouvelles et à des combinaisons surprenantes. Je le remercie de m'avoir donné toute la liberté nécessaire à la réalisation de ce projet ambitieux, et je tiens également à souligner le travail impressionnant des membres de son équipe, qui ont su me donner des conseils judicieux. Un livre sur les tartes exige un travail considérable et de nombreux essais aux fourneaux. C'est le fruit de l'entraide et de la transmission des connaissances. Recréer la magie de l'enfance tout en expérimentant des saveurs plus modernes ne peut évidemment se faire sans l'aide de plusieurs personnes.

Je remercie d'abord ma tante Louise, qui m'a transmis ses recettes traditionnelles avec tellement d'amour. J'ai enfin pu lui soutirer quelques secrets culinaires qu'elle conservait depuis longtemps. Je suis aussi reconnaissante envers mon équipe de cuisine de son enthousiasme, qui a permis d'accomplir tout ce travail dans la joie.

Je remercie ma fille Francesca pour son soutien indéfectible et son sens critique très développé. J'ai aussi une pensée particulière pour ses collègues et amis qui m'ont gentiment servi de cobayes en prenant le temps de me faire part de leurs précieux commentaires. Certains d'entre eux devront probablement faire quelques heures supplémentaires au gym à la suite de cette expérience...

Merci à Marie-Josée Forest, directrice artistique, pour son talent et son efficacité. Son design graphique donne vie aux tartes et nous rend joyeux comme on doit toujours l'être dans la cuisine.

Pour faire des tartes, il faut d'abord de la farine. J'ai eu le grand bonheur de travailler avec les farines biologiques de la Meunerie Milanaise. Quand je dis « bonheur », je n'exagère pas : d'une fluidité incomparable, ces farines m'ont permis de m'amuser et de créer les meilleurs fonds de tartes qu'il m'ait été donné de goûter. Merci aussi pour les conseils et le soutien.

Je remercie mes amis Dino et Maryse, grands rois des fines herbes chez Monsieur Basilic. Leurs superbes produits transforment les recettes de façon remarquable. Merci aussi à Élaine, chez Breville, qui m'a fait découvrir un appareil dont je ne peux plus me passer : le mini-four à tartelettes. Oui, on peut maintenant faire des tartes sans que le four réchauffe toute la cuisine! Merci à mon ami Pierre, du Glacier Bilboquet, qui m'a permis de servir mes tartes avec ses glaces d'une qualité exceptionnelle et de préparer aussi de délicieuses tartes glacées.

Merci à mon complice Philip Jourdan pour ses photos inspirantes et sa patience infinie. Il a réussi à transformer de simples tartes en de magnifiques objets d'art.

Les Éditions Transcontinental
5800, rue Saint-Denis, bureau 900
Montréal (Québec)
H2S 3L5
Téléphone : 514 273-1066 ou 1 800 361-5479
www.livres.transcontinental.ca

Pour connaître nos autres titres, consultez
www.livres.transcontinental.ca. Pour bénéficier
de nos tarifs spéciaux s'appliquant
aux bibliothèques d'entreprise ou aux achats
en gros, informez-vous au 1 866 800 2500
(et faites le 2).

Catalogage avant publication de Bibliothèque
et Archives nationales du Québec et Bibliothèque
et Archives Canada

Jourdan, Andrea
Tartes en folie : saveurs classiques revisitées
et audacieuses nouveautés
ISBN 978-2-89472-619-8
1. Tartes. 2. Livres de cuisine. I. Titre.
TX773.J682 2012 641.86'52 C2012-941716-5

Coordination de la production :
Marie-Suzanne Menier
Conception graphique et mise en pages :
Marie-Josée Forest
Soutien à l'infographie : Diane Marquette
Révision linguistique : Linda Nantel
Correction d'épreuves : Odette Lord,
Edith Sans Cartier
Impression : Transcontinental Interglobe

Imprimé au Canada
© Les Éditions Transcontinental, 2012
Dépôt légal – Bibliothèque et Archives nationales
du Québec, 3e trimestre 2012
Bibliothèque et Archives Canada

Nous reconnaissons l'aide financière du
gouvernement du Canada par l'entremise
du Fonds du livre du Canada pour nos activités
d'édition.

Nous remercions également la SODEC de son
appui financier (programmes Aide à l'Édition et
Aide à la promotion).